经济学家眼中的日美开战

破解秋丸机关"传说中的报告"之谜

〔日〕牧野邦昭 / 著 | 周颖昕 / 译

経済学者たちの日米開戦

秋丸機関
「幻の報告書」の謎を解く

社会科学文献出版社
SOCIAL SCIENCES ACADEMIC PRESS (CHINA)

中文版序言

我的书《经济学家眼中的日美开战——破解秋丸机关"传说中的报告"之谜》在中国翻译出版了，一想到中国的读者朋友阅读本书的样子，我就非常高兴。

本书的副标题中出现的"秋丸机关"，指的是经济调查机构"陆军省战争经济研究班"。它设立于太平洋战争爆发之前，日本陆军牵头邀集一些著名经济学家加入了该机构。本书基于当时的实际情况，分析了该机构的研究内容。"根据秋丸机关等机构开展的调查，人们知道日美之间存在巨大的国力差距，为什么在获得了此类正确信息之后，日本还要去打一场败算极高的对美战争呢？"我是抱着这个问题写这本书的。

我在本书开篇部分中写道，在发生九一八事变和爆发日中战争的大背景下，日本与英美关系逐渐恶化。日中两国本应维护友好关系、共同发展，但却不幸地走向了战争。日中战争大幅消耗了日本的经济力量，尽管如此，日本仍于 1941 年 12 月向英美宣战，注定大败。因此，在日本一直有人批评当时的领导人"愚蠢""非理性"。

但是，当时领导日本的政治家、军人和官僚是毕业于一流高等教育机构、有海外生活经验的精英中的精英，他们并不是特别愚蠢和非理性的人。以秋丸机关为代表的机构所做的事情证明，日本的军部为了获得正确的信息曾做过很多努力。本书通过查阅历史资料，从现代社会科学角度，探索了日本的领导层为什么选择对英美开战的问题。

这件事表明，即使拥有正确的信息，也未必能做出好的判断。

在现代世界，与其相似的实际案例并不罕见。从这个意义上说，本书既是一本历史类书籍，又是一本讨论现代问题的书。希望本书能有幸为中国读者做出好的判断提供参考。

2018年本书出版后，承蒙多方认可，于2019年荣获第20届读卖·吉野作造奖。在本书写作期间还未发现的资料，如第3章中的《经研报告第一期　经济战的本质（中期报告草案）》、第4章中的《英美合作经济抗战力战略点解析表》等，后来陆续被发掘出来。以这些新资料为基础的新的研究工作仍在进行中，我希望将来有机会将这些成果整理出来，继续向中国读者介绍。

最后，向翻译此书的周颖昕女士，以及出版中文版的社会科学文献出版社深表谢意。

牧野邦昭
2021年12月

前　言

1941 年，日本为什么挑起了一场没有胜算的对美之战呢？

自第二次世界大战结束以来，对于"日本对美开战"这一问题，最为端正的态度就是把"决定对英美宣战"当成一个极端非理性的决策案例看待。然而，当时的精英阶层、日本的领导层（尤其是军人）并不是特别"愚蠢"和"非理性"。

政治学者丸山真男曾说过这样的话。

> 我觉得海军和陆军都是很有理性的，因为军方集中了一大批聪明人。那些观点怪异的学者、狂热的右翼，还有那些想搭便车的学者更不可靠。而海军与陆军具备那种类似直觉的东西。这是不为他人所知的秘密。当时的有泽，因人民阵线事件处于保释状态，而军方竟然敢起用保释中的他，这是多么大胆的举动啊。[①]

以上这段话中的"有泽"指的是东京大学教授有泽广巳，他曾在战争结束后，深度参与制定日本经济和能源政策的工作。

有泽加入过一个通称"秋丸机关"的机构，其全称是陆军省战争经济研究班，存在于 1940—1942 年。在有泽离世后的 1989 年，关于有泽的回忆录和悼念文集陆续出版。上文丸山说的那段话，是他在阅读完这些出版物后发出的感慨。

1987 年，晚年的有泽在接受采访时，曾经回忆起秋丸机关。

---

① 松沢弘陽・植手通有・平石直昭編『定本 丸山真男回顧談（上）』岩波現代文庫、2016年、302 頁。

他说："大东亚战争①即将开始时，我受军部的秋丸次朗大佐（其实当时是中佐）的委托，对日本的作战能力进行评估，具体来说就是要把日本与英美进行比较。"采访时的对话如下（提问者为曾任经济企划事务次官的矢野智雄）。

> 矢野：先生那时还处在"因1938年的第二次人民阵线事件被捕"的官司之中吧。
>
> 有泽：是正在打官司。我是被告方，已被抓起来过。委托方告诉我："你不要为了迎合我们写文章。"他们让我写出自己真实的想法。不需要写迎合军部的内容，写真东西。当时是那样对我说的。②

日本陆军给人以"非理性"和"轻视信息"的印象。但事实上，在开战前有众多的一流经济学家被秋丸机关动员起来，调查日本、美国、英国、德国等主要国家的经济抗战力。当时因涉嫌违反《治安维持法》被捕、还处于保释状态的有泽，就是动员对象之一。军方对他的要求是"不要迎合，就写真实的想法"。

尽管陆军如此想获得正确的信息，但在1941年12月，日本还是宣布与英美开战，发动了太平洋战争。到底是为什么呢？

有泽多次说道，因为秋丸机关的报告内容是"违反国策"的东西，所以相关的一切都被烧毁了。但在有泽去世后的1991年，报告文本中的一册被发现，那上面清楚地记录着当时对英美巨大的经济抗战力所做的评估。据此，人们普遍认为，秋丸机关的"经济学家指出了对美开战是鲁莽的，但陆军无视这一判断，最终决定开战"。

---

① 本书为反映历史原貌，未对"大东亚战争""日支事变""支那事变"等词语进行改动。——译者
② 经济企画厅编『戦後経済復興と経済安定本部』大藏省印刷局、1988年、94頁。有沢広巳（聞き手・矢野智雄）「戦後日本経済の再建」『有澤廣巳の昭和史』編纂委員会編・発行『歴史の中に生きる』1989年所収、91—92頁。

　　然而，到底是陆军这一组织从根本上来说就是非理性的，具有轻视信息的倾向，所以对于不合心意的信息置之不理呢；还是说，在1991年发现的报告中含有类似战略的内容，经济学家们实际上基于专业的经济分析，提出了"秘策"，陆军基于对这一秘策的坚信，才踏上了开战之途呢；抑或以上两者都不对，其实是报告虽然正确地指出了开战会造成的困境，但出于某种原因，被以完全不同的形式进行解读，最终反而成为判断可以开战的基础材料了呢？

　　此前因受制于资料匮乏，笔者难以展开充分的分析，无法从学术角度回答这些疑问。近十年间，随着网络技术的发展，可信的历史资料和数据飞速扩增。与以前相比，确认资料所在地以及阅读资料，都变得越来越便捷。如下文所述，正是这种环境变化，才让笔者得以发掘大量有关秋丸机关的新资料。

　　本书拟以现有研究成果为基础，重新描绘秋丸机关。笔者曾在2010年出版的《战争时期的经济学家》的第一章中分析过秋丸机关，本书将对那时的分析与评价做较大调整。

　　当然，即使发现了很多新资料，其数量也不足以支持全面地描绘秋丸机关，所以本书不得不加入了很多推测的内容。尽管受到条件限制，本书还是想通过对秋丸机关的研究，思考"为什么日本的领导层明明获得了正确的信息，却选择了与美英交战"这一问题。

　　现代社会中，我们也经常会遇到"明明有正确的信息，为什么造成了这么不好的后果"这样的疑问。笔者祈望，读者在阅读本书的同时，思考出现在现实中的类似问题。

目　录

于异议的疑点；"面向陆军领导层的报告会"是什么样的？北进还是南进？"阻止北进"的措辞；不是避免"对英美开战"而是避免"对英美苏开战"

第一章 "满洲国"与秋丸机关

从九一八事变到太平洋战争 [1]

1931年9月，驻中国东北地区的关东军发动了九一八事变。"满洲国" [2] 于第二年3月宣布成立。

"昭和恐慌" [3] 始于1930年，在其形势最严峻的时候，又发生了九一八事变。于是人们通常认为，日本国内错误的经济政策招致的昭和恐慌，引起了国民的不满，促使其支持九一八事变，进而导致了后来的战争。但实际上，在就黄金解禁问题展开争论之前，中国就已经在推进收回国权运动，对于中方的动向，日本舆论显露出了强烈的反对态度。以上这些事情已经让日中关系极端恶化，武装冲突频发（1928年的济南惨案、皇姑屯事件）。石原莞尔是挑起九一八事变的人物，一般认为，当时的他注意到由1929年纽约股市暴跌引发的世界经济危机正在蔓延，从而判断在那段时期内，美国等国家将因忙于应对危机而无暇他顾。笔者认

---

[1] 本部分以牧野邦昭的"Japanese Economists on Imperialism and Total War: Tanzan Ishibashi and His Peers"为基础，该文刊登在『経済学史研究』（第59卷第1号、2017年）。此外，还参考了以下研究成果。Masanori Okura and Juro Teranishi."Exchange Rate and Economic Recovery of Japan in the 1930s", *Hitotsubashi Journal of Economics* 35（1），1994。家近亮子『蒋介石の外交戦略と日中戦争』岩波書店、2012年。杉山伸也『日英経済関係史研究 1860~1940』慶應義塾大学出版会、2017年。多田井喜生『昭和の迷走—「第二満州国」に憑かれて』筑摩選書、2014年。筒井清忠『満州事変はなぜ起きたのか』中公選書、2015年。宮田昌明『英米世界秩序と東アジアにおける日本—中国をめぐる協調と相克 一九〇六～一九三六』錦正社、2014年。

[2] 本书除"满洲国"和"满洲"加引号外，以"满"代表"满洲国"或"满洲"等场合，为便于阅读，不再标注引号，请读者鉴别。——译者

[3] 指昭和经济危机。——译者

为，九一八事变的发生本与昭和恐慌没有关系，但其因此获得日本国民支持的可能性确实很大。

九一八事变带来的结果之一是，日本在放弃金本位制之后，增加了对"满洲国"的投资，从而促进了日本经济的恢复。当时推行的是大藏大臣高桥是清主张的财政扩张政策，即所谓的"高桥财政"，日本出现了通货膨胀现象。而在九一八事变后，日本为了建设"满洲国"而进行的投资，加强了日本与"满洲国"的经济联系。

在"满洲国"建立后，为了从其他地方获得"满洲国"缺乏的资源，日本欲在中国北部再建立一个类似"满洲国"的傀儡政权，所以忙于开展"华北分离工作"。在这个过程中，日中关系在1935—1936年表面上维持着稳定，日中间的贸易也增加了。这个现象，应该是蒋介石为了争取时间，积聚国力，故意展现出来的姿态。他嘴上高喊着"中日亲善"，宣布取缔排日运动，还呼吁加强日满华之间的经济合作。其实蒋介石已经认识到，日本现在正忙于"华北分离工作"，未来中国与日本之间的战争是不可避免的。在看上去局面一片稳定的背后，日本因九一八事变获益，于是越发执着于日满华经济区的建设，与中国之间的妥协也越发难以实现。两国由此走向爆发于1937年的全面战争。

在"高桥财政"时期，出口增加对于日本经济复苏起到巨大作用。但日本棉纺品等的出口的骤增，引发了日本与英国之间激烈的贸易摩擦。英国正处于萧条时期，为了保住自己宝贵的殖民地市场，加强了英镑区（英镑经济圈）建设，这导致了日英之间经济关系的恶化。日本为对抗英镑区，倡议建设日满经济区、日满华经济区。越来越多的人认为，向区域经济过渡是大势所趋。实际上控制"满洲国"（至少在资金层面上）的日本，由于获得了更多的利益，不仅军人主张建设日满经济区、日满华经济区，包括财界人士在内的国民也逐渐在热议区域经济话题。

1937年，日中两国爆发全面战争后，日本更加反感英国，因为英国被看作支持蒋介石政权的国家。日本为建设日满华经济区，加紧扩大从中国中部到南部的统治区域，狠狠打击英国在香港和上海的经济活动，日英关系因此进一步恶化。日本已与德国构建了友好关系，1939年第二次世界大战爆发后，排英运动在日本更加激化。1940年日本与德国、意大利结成三国军事同盟后，日英关系无可挽回地恶化下去。日英关系恶化也带来了日本与美国关系的恶化，引发了太平洋战争。考察太平洋战争的爆发，不能忽略英国的因素。如下文所述，日本在开战之时，曾考虑先让英国服软，再与美国进行有利于自己的议和。本书的主题是"经济学家眼中的日美开战"，更准确地说，应该是"经济学家眼中的日英美开战"。

总之，如果认识到"满洲国"的建立是太平洋战争的远因的话，就能理解"秋丸机关"是什么性质的机构。

陆军省战争经济研究班（秋丸机关）的创立

1939年9月，秋丸次朗主计中佐奉命调任。他从关东军参谋部第四课调至陆军省经理局任课员，兼任军务局课员。从"满洲国"回到东京的次日，他赴陆军省报到，拜访军务局军事课课长岩畔豪雄大佐。陆军省经理局主计课与军务局军事课因合作制订陆军预算，工作来往较密切。[①] 岩畔见到秋丸即说道："正等着您上任呢。关于新任务，不能在这里细说，到外面去吧。"他们与其他经理局课员一起到外面的餐厅（麹町宝亭）用完午餐后，岩畔才详细道来。

> 陆军不久前在诺门坎吃了败仗，虽然我们一直在全力准备对苏联的作战，但从国际形势看，日本将来不仅要应

---

① 大前信也『陸軍省軍務局と政治—軍備充実の政策形成過程』芙蓉書房出版、2017年、111—114頁。

对苏联一国，因为英法对德国的战争也开始了。我国与德国关系近，现在只差一步就可能成为英美的对立面，面临被卷入大战的危险。如果被卷入大战，必然要比拼国家实力。然而目前我国为总力战所做的准备，与曾经打过一战的列强相比实在不足。虽然企划院成立了，《国家总动员法》也推行了，但总力战的准备工作还未开启。陆军方面从自身立场出发，正在推进以隐蔽战线的防谍、谍报活动为首的思想战、政略战。但陆军在最关键的经济战方面还未采取什么措施，目前计划以经理局为中心着手开展经济战的调研。这次邀你至本省，是要请你创办一个经济谋略机构，类似已经开始运转的关东军第 731 部队。①

秋丸对于岩畔的话略感疑惑，但他还是在经理局主计课领导的帮助下，开始着手创办陆军省战争经济研究班（秋丸机关）。

从当时岩畔在陆军省的课长会议上的发言可以得知，由于"通过诺门坎事件发现了敌我在坦克的进攻方法、飞机的战斗方法方面的差距"，他颇受打击。②有"阴谋岩畔"之称的岩畔豪雄，曾经参与过专门培养谍报骨干的陆军中野学校的筹建工作。从保存下来的秋丸的表述中也可以得知，在诺门坎事件后，随着第二次世界大战形势日渐紧迫，在岩畔的授意下，为了做好开展总力战的准备，以关东军第 731 部队为参考，陆军组建了秋丸机关。

但是这里存在一个问题，那就是在组建这个"经济谋略机构"时，为什么要专门把秋丸次朗从关东军调至陆军省呢？秋丸次朗是何许人？

---

① 秋丸次朗「大東亜戦争秘話　開戦前後の体験記—秋丸機関の顛末を中心に」『えびの』第 13 号、1979 年、11 頁。这份手记与收录在『回想』（『有澤廣巳の昭和史』編纂委員会編・発行、1989 年）中的「秋丸機関の顛末」基本相同，但是在『回想』中没有刊登秋丸机关各组的照片和"自谱"。

② 波多野澄雄・茶谷誠一編『金原節三陸軍省業務日誌摘録　前編』現代史料出版、2016 年、92 頁。

在"满洲国"工作时的秋丸次朗

秋丸次朗在见到岩畔之前,记录了如下内容。

> 1939 年 9 月,我奉命从附属于关东军参谋部的负责满洲
> 经济建设的岗位离开,调往陆军省经理局任课员,兼任军务
> 局课员。当时的满洲国正在落实产业开发五年计划,鲇川义
> 介领导的日产联合企业为了在日满一体化过程中承担国防经
> 济的建设任务,正准备在满洲发展重工业。为此,成立了以
> 鲇川总裁为首的"满洲重工业开发株式会社",该会社正处于
> 发展壮大期。我从内部指导的角度,从事相当于满洲国当局
> 的后盾的部分工作。所以对于这次的调动,我猜一定会让我
> 继续在陆军省内从事有关满洲国的工作吧,于是急匆匆地赴
> 任去了。①

正如此处所记,秋丸原本在关东军第四课工作,完全沉浸
在有关"满洲国"经济建设的工作里。他出生于宫崎县的饭野村
(えびの市),毕业于陆军经理学校,曾任主计军官。1932 年,从
陆军经理学校高等科毕业后,他以陆军省委培生的身份进入东京
帝国大学经济学部学习,跟随河合荣治郎的弟子山田文雄学习工
业政策。1935 年,他从东京帝国大学毕业后,成为关东军交通监
督部和奉天航空工厂的职工,兼任"满洲航空会社"会计监督官。
1936 年 8 月,秋丸升任陆军主计少佐后,担任附属于关东军参
谋部的关东军第四课的主任。②关东军第四课是对"满洲国"进
行内部指导的"关东军的大脑"。秋丸具体负责对"满洲国"的

---

① 秋丸次朗「大東亜戦争秘話 開戦前後の体験記—秋丸機関の顛末を中心に」10—
11 頁。
② 秋丸次朗「自譜」同「大東亜戦争秘話 開戦前後の体験記—秋丸機関の顛末を中心
に」所収、16—17 頁。

国政指导及产业关系方面的工作，课长由关东军副参谋长担任。[1]
当时第四课经济班的负责人是秋永月三中佐，[2]他也曾在东京帝国
大学经济学部学习过。

1935 年，陆军参谋本部作战课课长石原莞尔因受到苏联的
"五年计划"的刺激，为了提高日本与"满洲国"进行一体化之
后的生产力，他责成满铁经济调查会的宫崎正义成立日满财政经
济研究会，制订计划提案。宫崎的提案在 1936 年完成后，由"陆
军省军务局军务课满洲班"班长片仓衷进行修改，于 8 月 3 日以
《满洲开发方策纲要》的形式发至关东军。关东军立即在 8 月 10
日以《满洲国第二期经济建设纲要》的形式提交了具体方案。以
此为基础，关东军、"满洲国"、满铁三方进行协商，在 1937 年 1
月确定了《满洲产业开发五年计划纲要》。[3]参与讨论这个五年计
划的有秋永月三（1936 年末调往小仓任野战重炮兵第六连队付）、
片仓衷、关东军第四课的秋丸次朗、"满洲国"实业部次长岸信
介（第二次世界大战结束后曾担任日本首相）等。[4]片仓从 1937
年 3 月开始任关东军参谋，1938 年 12 月—1939 年 7 月任关东军
第四课课长，是秋丸的顶头上司。

《满洲产业开发五年计划》以目标数值的形式，向矿产、农
畜业、交通通信、移民等部门提出了建设要求。目标数值是在与
1936 年的数值比较后提出的。该计划要求在生铁和钢铁两方面提
高生产力，具体要提升至原来的约三倍水平，不仅要能满足自身
需要，还要有余力供应日本；在燃料方面，提出要增加两倍以上
的煤炭产量，要通过煤炭液化技术等获得人造液体燃料；在农业
以及移民方面，目标是从日本移入 10 万户日本人，以此实现水

① 橋川文三編著『日本の百年 7 アジア解放の夢 1931~1937』ちくま学芸文庫、2008 年、448 頁。
② 小泉吉雄『愚かな者の歩み—ある満鉄社員の手記』私家版、1978 年、21 頁。
③ 岡部牧夫「満州産業開発五ヶ年計画」植民地文化学会・東北淪陷一四年史総編室共編『〈日中共同研究〉「満州国」とは何だったのか』小学館、2008 年所収、119—120 頁。
④ 橋川文三編著『日本の百年 7 アジア解放の夢 1931~1937』452 頁。

稻和小麦两倍以上的增产[①]；还对铝制品和使用铝材料的飞机工业、汽车工业等机械工业提出了相应的要求。在关东军第四课工作的秋丸，当时是以经济参谋的身份管理农业部门的，还负责落实日本开拓团的引进与定居工作。在工作中，他获得了加藤完治（日本国民高等学校校长）等的协助，加藤以推动向"满洲"移民闻名。[②]1936年，土地制度调查会第一次委员会（委员有岸信介、秋永月三等）召开了。负责会议组织工作的美浓部洋次和毛里英於菟等，是被日本派遣到"满洲国"工作过的人，他们回日本后以"改革派官僚"的形象活跃在岗位上。秋丸的名字也出现在会议名单里，他是以关东军参谋部三等主计正的身份参加的。[③]

　　秋丸次朗还是满铁的顾问[④]，与满铁的关系颇深。经济调查会是满铁的经济调查机关，小泉吉雄曾被从该调查会借调至关东军第四课工作。根据小泉的回忆，为完成《满洲产业开发五年计划》中农业增产的目标任务，他在由其起草的《农业协同组合成立纲要》中，建议成立农业协同组合。小泉记得向当时负责农政工作的秋丸提交了这份文件，当时秋丸未提出异议，而且在"满洲国"农政相关人员的碰头会议上也没有提出反对意见。但是秋丸当时的同事、在关东军第四课政治班任职的辻政信（后来以作战参谋的身份亲历过诺门坎事件、瓜达尔卡纳尔岛战役）提出了不同意见，认为农业协同组合是"赤色"的。从那之后有些人附和辻的观点，小泉则请求态度谨慎的秋丸推进此事。在关东军第四课的意见统一之后，成立了农业合作社（1937）[⑤]，这个组织在本质上与农业协同组合是一样的。在开拓政策方面，秋丸与辻似乎也有

①　岡部牧夫「満州産業開発五ヶ年計画」120—121頁。
②　秋丸次朗『朗風自伝』私家版、1988年、13頁。
③　江夏由樹「満州国の地籍整理事業について—「蒙地」と「皇産」の問題からみる」『一橋大学研究年報　経済学研究』第37巻、1996年、139頁。
④　秋丸次朗「自譜」17頁。
⑤　小泉吉雄『愚かな者の歩み—ある満鉄社員の手記』22—23頁。田中武夫『橘樸と佐藤大四郎—合作社事件・佐藤大四郎の生涯』龍溪書舎、1975年、146—147頁。

意见相左之处。①小泉是秋丸在关东军第四课工作时的合作者，如下文所述，他在秋丸机关组建之际做了许多工作，而且据推测，他与秋丸机关的解散也有关系。

后来，秋丸在关东军第四课的工作职责改为负责工商业部门的工作。《满洲产业开发五年计划》刚完成不久，就因日中战争的爆发不得不大幅修改。为实现日满军需生产力一体化的目标以及加强生产力，该计划提出要迅速发展重工业。由于满铁一方面要在多领域开展事业，另一方面还要追求利润，有人认为它阻碍了"满洲国"重工业的迅速发展。于是（关东军）计划拆分满铁，将其下属企业移交鲇川义介领导的日产联合企业。②秋丸参与了日产联合企业向"满洲"迁移的工作，以及"满洲重工业开发株式会社"（以下简称"满业"）的创建工作。1937年8月，秋丸与其他关东军参谋一起，和陆军参谋本部、"满洲国"相关事务的人员共同草拟了《满业成立纲要》。以该纲要为基础，《满洲重工业确立纲要》在同年10月的日本政府内阁会议上获通过。12月，由鲇川义介任总裁的满业宣布成立。

1938年，日中战争已经全面打响，为了增加钢铁产量，受"满洲国"的委托，满业旗下的昭和钢铁厂制定了《钢铁增产五年计划》。同年4月，这份增产计划被送交东京，供日满交涉时讨论用。"满洲国"的交涉代表有片仓衷、椎名悦三郎（时任产业部矿工司司长，后回国任商工次官，战争结束后进入政界，曾任自民党副总裁等职）、小日山直登（昭和钢铁厂社长），还有秋丸次朗。③

据秋丸回忆，当时他在工作中需要面对的人物，除了鲇川义介，还有日本财界的大人物野口遵（日窒联合企业总裁）等人。

① 稲垣征夫「花の群像（一）―満州酔虎伝」満州回顧集刊行会編『あゝ満州：国つくり産業開発者の手記』農林出版、1965年所収、117頁。
② 橋川文三編著『日本の百年 7 アジア解放の夢 1931~1937』456—460頁。
③ 松本俊郎『侵略と開発―日本資本主義と中国植民地化』御茶の水書房、1992年、103—104頁。

这个时期的秋丸的工作成绩显著，使得"日本本土的财界都知道'关东军参谋部有位秋丸参谋'"。[1]

秋丸次朗对国家实力的认识

这位活跃在关东军中的秋丸次朗，是如何看待"国家实力"的呢？ 1939 年 12 月，东亚经济恳谈会第一次大会召开，从大会记录中可以找到一些线索。这份记录叫作《东亚经济恳谈会第一次大会报告书》，现在可以通过谷歌图书检索系统（Google Books）阅读全文。

东亚经济恳谈会成立于 1939 年 7 月，是个官方与民间交流意见的平台，由日本商工会议所、日本经济联盟会、行业团体等经济团体与日本政府，以及军方、"满洲国"、中国境内与日本合作的政权、日系企业的相关人员共同组织。[2]除秋丸（秋丸的所属机构为"军务局军务课"）外，来自陆军省的还有陆军大臣畑俊六、陆军次官阿南惟几、军务局局长武藤章、军事课课长岩畔豪雄、军务课课长有末精三、经理局局长石川半三郎等。[3]除时任商工次官的岸信介外，秋永月三（企划院事务官）、毛里英於菟（兴亚院经济部第一课课长）、椎名悦三郎（商工省总务局总务课课长）等人都曾与秋丸在"满洲国"共事。会上，各省厅、团体和企业的干部，各大报社、杂志社的社长，民间经济人士（高桥经济研究所所长高桥龟吉、东洋经济新报社社长石桥湛山等）应邀出席。[4]在东京以外，东亚经济恳谈会还在名古屋、大阪、九州（门司）举办了座谈会，秋丸参加了所有的座谈会。尤其在九州的座谈会（主席是东亚经济恳谈会九州委员会委员长出

---

① 秋丸次朗『朗風自伝』13 頁。
② 白木沢旭児「日中戦争期の東亜経済懇談会」『北海道大学文学研究科紀要』第 120 号、2006 年。
③ 東亜経済懇談会『東亜経済懇談会第一回大会報告書』1940 年、13 頁。
④ 東亜経済懇談会『東亜経済懇談会第一回大会報告書』11—25 頁。

光佐三）上，秋丸的发言时间很长，通过发言内容可以了解这一时期秋丸关于经济问题的思考。"我是陆军省军务局的秋丸中佐。"自我介绍之后，秋丸说道，"我正在从国防角度思考，建设东亚经济区即所谓东亚经济协同体的必要性到底在哪里？""第二次欧洲大战①开战后已经过去三个月，大概有一百天了，但发生在西部战线（德法国境等）上的，只不过是类似于射击演习之类的战斗。"他谈到了第二次世界大战初起时的"虚假战争"，并指出目前出现在海上的"极其活跃的海上封锁"，是"为了实现经济封锁而进行的封锁，和为突破封锁进行的潜水艇战争一样，都是很初级的战争"。他还谈道，第一次世界大战结束后，战败国的情况自不必说，连那些战胜国也深感"国家实力非常虚弱"。他还引用了孙子所说的"不战而屈人之兵，善之善者也"。"总之今日之战争，应尽量不以武力决定胜负，而是封锁敌国使其物资不可进出，另外在本国国内尽量长久持续地保证自给自足，应维持这样的战争状态"。②大概在此时此刻，秋丸考虑到秋丸机关将要开展的研究工作，才说起了下面这段有关什么是国家实力的评估标准的话。

> 如此说来，为了此后我们要推进的战争，我们要认清，经济战的特质在于，它是判断一个国家的战争能力处于何种程度的基础。一个国家能做到何种程度的自给自足，应作为评估该国战争能力的重要因素考虑。在本国或本国控制的势力范围区域内，依据所能达到的自给程度，就能评估该国的国家实力。目前就适用这种评估方式。③

秋丸认为，从当时的国际形势看，本国与本国势力范围内的

---

① 此处指第二次世界大战。——译者
② 東亜経済懇談会『東亜経済懇談会第一回大会報告書』501—504 頁。
③ 東亜経済懇談会『東亜経済懇談会第一回大会報告書』504 頁。

自给能力就是国家实力的评估基准。"美国区、苏联区、大英帝国合而为一的区，再加上将中欧地区的德国、意大利、巴尔干合而为一的区"，以上四个区域正在形成，"在这样的形势下，不可能单独任由东亚地区维持目前的状态""所以才需要具备足够强大的力量，以期获得东洋的永久和平，这才是一种能排除任何势力的强大力量"。他用这种方式论述了建设"东亚经济区"的必要性。

关于东亚经济区是否具备自给能力，秋丸觉得"只要将日满华拧成一股绳，建立起连环式的经济关系，就有可能实现充分的自给自足。要坚信即使以全世界为对手开战，也没有什么可畏惧的。尤其是我们对于满洲的认识更应该改变"。他强调，如果顺利推进"满洲国"的资源（矿业、农业、水力）开发，完全可以达到自给自足。若与其他地区比较，应该优先开发"满洲"。从秋丸曾在关东军第四课深度参与过"满洲国"经济建设的经历来看，他有这样的观点也很正常。[1]

秋丸在这里还谈道："满洲不仅有阜新煤矿，最近还发现了阜新油田。目前已经开采出原油，甚至出现了瓦斯喷涌而出的景象……世界级的学术权威打了包票，说这个油田是很有希望的。"这番话说明，日本在"满洲国"内正在大力开展油田勘探。在秋丸提到的阜新煤矿附近，确实有油田，那就是现在的辽河油田。在 1939 年以前，"满洲国"就进行过多次石油勘探，当时的报纸还报道过在阜新附近开采出了石油这件事。

但是秋丸又带着些打预防针的态度说道："但是在正式开采之前，还说不好结果是好是坏。"[2]秋丸的发言被正式记录在报告文本里，但是事实上，这件有关石油的事情后来没有再被提起，大家也明白是什么原因。"满洲国"在阜新大张旗鼓地进行了石油勘探，最终却发现阜新油田的油层太薄，所以并未取得成功。

---

[1]　東亜経済懇談会『東亜経済懇談会第一回大会報告書』504—507 頁。
[2]　東亜経済懇談会『東亜経済懇談会第一回大会報告書』505—506 頁。

在"满洲国"进行的石油勘探，由于在当时属于军事机密，无法利用美国先进的勘探技术，也就无法发现规模巨大的油田。[1] 日本战败之后，占领"满洲"的苏联技术人员也没发现油田。这一地区的石油最终被头脑灵活的中国技术人员发现了，他们没有被地质学的传统理论所束缚。[2]

担任东亚经济恳谈会九州座谈会主席职位的是出光佐三，他在第二年创立了出光兴产株式会社；两年后的太平洋战争，就是为保障石油资源而打的；在太平洋战争开战前，秋丸机关开展了对交战国国家实力（包括石油资源）的研判工作。笔者一边回顾思索着以上三件历史事实，一边阅读秋丸关于"满洲国"的新油田的发言，不禁思绪万千。

"陆军版满铁调查部"——秋丸机关

秋丸次朗是深度参与过"满洲国"经济建设的军人，他与满铁经济调查会以及前者更名后的满铁调查部关系密切，更与岸信介、椎名悦三郎、美浓部洋次等日本政府派往"满洲国"的改革派官僚们保持着私人关系。1932 年 8 月—1934 年，岩畔豪雄在关东军特务部曾领导过"满洲国"的经济工作。[3]1934 年 12 月—1936 年，他担任对满事务局的事务官，[4] 该局负责推进"满洲国"行政的一元化工作。在岩畔计划成立经济谋略机构之时，比较容易让他联想到的有参考价值的机构有：满铁经济调查会和前者更名后的满铁调查部、日满财政经济研究会。秋丸次朗被从关东军第四课调过来，一方面是由于他曾深度参与过"满洲国"的经济

① 小松直幹「満州における日本の石油探鉱」『石油技術協会誌』第 70 巻第 3 号、2005年。岩間敏『日米開戦と人造石油』朝日新書、2016 年。
② 石井正紀『陸軍燃料廠—太平洋戦争を支えた石油技術者たちの戦い』光人社 NF 文庫、2013 年、第 1 章「石油は足下にあった」。
③ 岩畔豪雄『昭和陸軍　謀略秘史』日本経済新聞出版社、2015 年、61—66 頁。
④ 岩畔豪雄『昭和陸軍　謀略秘史』78—84 頁。

建设，另一方面是由于他擅长与经济系统的官僚开展合作，他被认为是有能力推动满铁经济调查会、满铁调查部这类智库开展调查的人物。秋丸在组建秋丸机关时，确实活用了其在"满洲国"工作时期的人脉与方法。秋丸机关，说起来真称得上"陆军版满铁调查部"。

在秋丸的回忆中，在接到了岩畔的命令后，他独自一人白手起家，从制作预算、寻找人手等开始着手组建工作。经理局主计课课长森田亲三大佐、高级课员远藤武胜中佐（1941 年 3 月至战争结束期间任主计课课长）是他的咨询对象，他们还给秋丸推荐了已退休的加藤铁矢主计少佐。在获得一部分经费后，事务所设在了位于东京九段的偕行社（陆军将佐军官的集会场所）的一个房间内，秋丸随即正式开始了组建研究班的工作。后来事务所的人员达到二十多名，房间显得过于狭小，于是事务所在 1940 年正月就早早地搬至位于麴町的银行的二楼，进入了正式的工作中。[①]

秋丸在回忆中提到的加藤铁矢，曾任关东军司令部附属调查课课长，后历任"满洲国"土地局总务处处长、地籍整理局总务处处长，在 1932—1938 年是推进"满洲"地籍整理事业计划的中心人物。加藤曾在上文提到的土地制度调查会第一次委员会上担任干事长，秋丸当时任干事。[②]秋丸亲自出面请求加藤帮忙，森田和远藤等人也劝说原本就认识秋丸的加藤参与一些咨询工作。

有泽广巳的加入

秋丸认为，经济战的本质与武力战相同，就是《孙子兵法》

---

① 秋丸次朗「大東亜戦争秘話　開戦前後の体験記—秋丸機関の顚末を中心に」11 頁。

② 江夏由樹「満州国の地籍整理事業について—「蒙地」と「皇産」の問題からみる」139 頁。

中讲的"知彼知己，百战不殆"。"为了达到这个目的，必须从评估敌我双方的经济抗战力、比较分析其优劣之处开始着手"，所以"当务之急是找到统计学家"。[1]

关东军第四课的工作人员小泉吉雄，当时正在满铁东京分社参与调查室的新建工作。陆军的秋永月三大佐时任企划院一部的调查官。1939 年末，小泉应秋永的邀请担任企划院的顾问。[2] 秋丸正在广纳人才，他得知小泉在东京后，就委托小泉寻找合适的人选。在各界拥有广泛人脉的小泉，次日即介绍了满铁调查部的神崎诚。神崎曾参加过东京帝国大学经济学部有泽广巳的研究小组，他提议起用处于保释期的、停职中的有泽。[3]1938 年，有泽在第二次人民阵线事件中，与大内兵卫、胁村义太郎、美浓部亮吉等劳农派[4]马克思经济学者一起，因涉嫌违反《治安维持法》被抓捕，第二年被保释。秋丸在东京帝国大学听过有泽讲课，但没有与其直接接触过。听到提议后，秋丸立即穿着便装约有泽在位于虎之门的满铁东京分社内见了面，并向有泽发出了邀请："此项调查，将成为军方判断国际形势的基础材料，必须是科学的、客观的调查结果，所以决定邀请学者加入，开展自由的调查研究。务请先生协助。"有泽是这样回答的。

> 我因思想问题正在打官司。对于马克思经济学，我是把它当作进行经济分析时的一种科学方法来使用的。就好比进行生产活动时，需要行业技术人员参与一样。不过现在我可是处于保释期，在您知晓这些情况后，我可以做一些工作。[5]

---

① 秋丸次朗「経済戦研究班後日譚―『陸軍経理部よもやま話』追補として」『若松―陸軍経理学校同窓会誌』第 107 号、1983 年、4 頁。

② 小泉吉雄『愚かなる者の歩み―ある満鉄社員の手記』29、31 頁。

③ 秋丸次朗「経済戦研究班後日譚―『陸軍経理部よもやま話』追補として」4 頁。

④ 日本历史学流派，得名于 1927 年创办的杂志《劳农》。——译者

⑤ 秋丸次朗「経済戦研究班後日譚―『陸軍経理部よもやま話』追補として」5 頁。

有泽的这番话，是在表明自己对于马克思经济学的冷静态度，意味深长。当时国际上还不存在成体系的"宏观经济学"（凯恩斯的著作《就业、利息与货币通论》的出版是在 1936 年，在第二次世界大战期间，战时经济的运作问题提供了一个契机，推动了国民收入研究的迅速发展）。因而把以"再生产"（将经济划分为消费资料生产部门和生产资料生产部门，为了扩大经济的整体规模，有必要扩充生产资料生产部门）的思路为基础的马克思经济学当作宏观分析国民经济的"手段"和"工具"，在日本并不稀奇。

很早以前，陆军对于有泽的评价就很高。与陆军统制派的军官们关系良好的矢次一夫（民间国策研究社团——国策研究会的负责人）曾听片仓衷说过，1934 年，"满洲国"开展机构改革（撤销关东州的关东厅，增设对满事务局）之际，当时的陆军省军务局局长永田铁山在推荐关东军特务部的顾问人选时，首推大内兵卫，其次就是有泽，但是因陆军次官桥本虎之助的反对未成功。[1] 有泽的著作《日本工业统制论》在 1937 年出版，该书被列入"日本经济研究丛书"，这套丛书由满铁系统的财团法人东亚经济调查局和其他机构的学者合作推出。[2] 有泽对第一次世界大战时总力战的情况非常了解，他的著作《战争与经济》与《日本工业统制论》同年出版，详细分析了德国的总力战体制。他堪称日本国内开展战时经济研究的第一人。[3]

《有泽广巳违反〈治安维持法〉被告事件辩护要旨》[4] 是因发生了第二次人民阵线事件、准备在 1941 年下半年向一审法庭提

---

① 矢次一夫「永田鉄山とその運命的な死」『矢次一夫対談集Ⅰ 天皇・嵐の中の五十年』原書房、1981 年所収、82—83 頁。

② 原覚天『現代アジア研究成立史論—満鉄調査部・東亜研究所・IPR の研究』勁草書房、1984 年、466 頁。

③ 牧野邦昭『戦時下の経済学者』中公叢書、2010 年、29—32 頁。

④ 收藏在同志社大学人文科学研究所、国立国会图书馆宪政资料室的『海野普吉関係文書』中。我妻荣主编的『日本政治裁判史録 昭和・後』（第一法規出版、1970 年、297 頁）有对这份资料的简单介绍。

交的材料。这份材料显示,辩护人铃木义男(战争结束后担任众议员)证明,有泽"从 1936 年秋开始,就协助某陆军大佐和某陆军少佐工作了",而且从 1937 年 6 月开始,有泽就是临时内阁物价委员会小委员会的活跃人物,铃木还认为,有泽的"国家意识觉醒,并且抛弃了马克思主义"。① 可以这样认为:因为有泽在被捕前就已经为陆军工作了,所以当秋丸提出邀请时,他也没把与陆军的研究机构建立关系当作特别的事情。慎重起见,有泽还与岩畔豪雄、远藤武胜见了面,这两位也向有泽强调必须开展科学的、客观的调查,之后有泽决定接受秋丸的邀请。② 岩畔等人之所以认可起用有泽,大概是因为知道有泽以前就与陆军有关联。晚年的有泽在接受采访时回忆,当时他从陆军获得的报酬一个月高达 500 日元。审判第二次人民阵线事件的法官曾问起他从陆军获得的工作补贴,在他据实相告后,法官非常吃惊。③

因第二次人民阵线事件和有泽一起被捕的胁村义太郎写道:"日支事变后,有泽广已开始与中山(伊知郎)一起开展对战争经济的研究,所以常常听到有关中山的故事。"④ 胁村那时可以从有泽处听到一些关于秋丸机关的零星信息,但是正如下文所述,更为详细的事情他就不知道了。

因第二次人民阵线事件而审问过有泽的审判员,十分欣赏有泽的人格与能力。在有泽被保释后,为了发挥他的才能,审判员把他推荐给在上海开办日文报纸的大陆新报社,该报社的实际负责人桐岛龙太郎是三菱合资会社最高顾问桐岛像一的儿子。桐岛龙太郎与有泽取得联系后,有泽说:"一周前我经熟人介绍,已经决定加入'秋丸机关'……我只好拒绝了,但我推荐还没有确定工作的高桥(正雄)君。"所以因第二次人民阵线事件一起被

---

① 鈴木義男『有澤廣巳治安維持法違反被告事件弁護要旨』355—356 頁。
② 有沢広巳『学問と思想と人間と』『有澤廣巳の昭和史』編纂委員会、1989 年、162 頁。
③ 有沢広巳(聞き手・矢野智雄)「戦後日本経済の再建」93 頁。
④ 脇村義太郎「心残りのこと二つ」中山知子編『一路八十年一中山伊知郎先生追想記念文集』私家版、1981 年所収、238 頁。

捕的高桥正雄（九州帝国大学），代替有泽进入了位于上海的大陆新报社。[①] 有泽如果去了上海，那么秋丸机关的风格一定会为之一变吧。

秋丸机关的组建

总之，有泽被委以调查主持人的重任后，中山伊知郎（东京商科大学）被拉入日本组，宫川实（立教大学，河上肇的弟子）加入了苏联组。中山之所以能加入，据推测是因为他曾与有泽一起于 1931 年创建了日本统计学会。

另外，秋丸称他通过委以主计中尉（实为少尉）职务的方式邀请了武村忠雄（庆应义塾大学）。[②] 这位武村曾说过，他是通过有泽的邀请加入秋丸机关的，负责开展有关德国经济抗战力的调查工作。武村曾赴纳粹政权下的德国留学，1935 年回国之际，他带回了许多在德国出售的、在第一次世界大战中出版的有关战争经济的文献。有泽有意邀请他，应该是打算利用这位武村拥有的大量资料吧（邀请武村是在 1941 年 6 月，秋丸回忆中的邀请日期似乎有误）。[③] 如下文所述，武村在担任庆应义塾大学教授的同时，还以陆军主计军官的身份活动，他与有泽一起（或者说比有泽更加积极地）活跃在秋丸机关。

当时中央大学教授冲中恒幸也加入了秋丸机关。据冲中的弟子川口弘（曾任中央大学校长）说，这是因为冲中在 1936 年出版的《日本经济发展的样态》[④] 获得了有泽的高度评价。虽然

① 岩川隆『日本の地下人脈—戦後をつくった陰の男たち』祥伝社文庫、2007 年、140—141 頁。同时参见高橋正雄『八方破れ・私の社会主義』TBS ブリタニカ、1980 年、196 頁。
② 秋丸次朗「経済戦研究班後日譚—『陸軍経理部よもやま話』追補として」5 頁。
③ 増井健一「ひとりの経済学者の思想と行動—第二次世界大戦と武村忠雄」『近代日本研究』第 12 巻、1995 年、220—221 頁。
④ 座談会「実証分析を踏まえた「沖中金融論」を確立」『月刊金融ジャーナル』第 22 巻第 14 号、1981 年。

有泽自己曾写过"如何才能把相关人员聚拢到一块儿呢？那个时候完全不懂"[1]，但其实并非如此，至少在秋丸机关的经济学家的人选上，中山、武村、冲中等人与有泽的选择直接相关。

秋丸还通过小泉吉雄的介绍，邀请蜡山政道（行政学家）、木下半治（政治学家）等加入，因为他们与小泉一样，是昭和研究会（近卫文麿的智囊机构）的成员。[2]经济地理学家佐藤弘（东京商科大学）、农业经济学家近藤康男（东京帝国大学农学部，当时兼任农林省统计课课长）也因是昭和研究会的成员，加入了秋丸机关。

秋丸称，"以有泽为中心的英美组，以武村为中心的德国组，以宫川为中心的苏联组，以中山为中心的日本组，以蜡山及木下为中心的国际政治组"体制就这样形成了。[3]秋丸还记得"南方[4]组里有个叫名和统一（驻西贡的正金银行职工）的"，这一点笔者曾撰文指出过，秋丸把名和统一（大阪商科大学）与横滨正金银行代理调查部部长、东亚研究所的"名和田政一"这个名字记混了。[5]

除研究组的工作，秋丸机关还同时开展有计划的单独调查项目。参与这些调查的有各省厅的少壮官僚、满铁调查部的精英人物。[6]各省厅的少壮官僚大多是此前改革派官僚名单里的人，而满铁调查部的精英人物指的应是神崎诚等人。秋丸在"满洲国"工作时期建立的人脉发挥了凝聚人才的作用。

秋丸次朗运用在"满洲国"和满铁的人脉资源，会聚了许多人才。在开展研究工作时，他也借鉴了满铁调查部的工作方式。1940年夏，满铁调查部推出了《中国抗战力调查报告》，这是一

---

① 有沢広巳『学問と思想と人間と』162頁。
② 秋丸次朗「経済戦研究班後日譚—『陸軍経理部よもやま話』追補として」5頁。
③ 秋丸次朗「大東亜戦争秘話 開戦前後の体験記—秋丸機関の顛末を中心に」12頁。
④ 指东南亚地区。——译者
⑤ 脇村義太郎『わが故郷田辺と学問』岩波書店、1998年、232—233頁。
⑥ 秋丸次朗「大東亜戦争秘話 開戦前後の体験記—秋丸機関の顛末を中心に」12頁。

份分析中国抗战力的报告。该报告提交给陆军省各部局和各省厅，并以报告会的形式进行公开汇报。7月1日，在东京的"麴町宝亭，恳谈会从9点开始进行讨论，恳谈会是应经济研究班班长秋丸中佐的要求举办的"。[①] 秋丸机关后来推出的报告中有《英美合作经济抗战力调查》《德国经济抗战力调查》，从名称上看，秋丸机关的调研工作极有可能参照了满铁调查部的类似活动。"抗战力"这个词，是日中战争爆发后，中国为显示本国的强大而经常使用的词，日本受此影响也开始使用该词。[②]

1940年6月末，海军省调查课起草完成了《关于陆军秋丸机关的文件》[③]，该文件中记载的业务受托人，已在本书中出现姓名的有中山、宫川、武村、蜡山、冲中、神崎、佐藤、近藤，此外还有经济学家长谷部文雄（同志社大学）、高木寿一（庆应义塾大学）、深见义一（东京商科大学）、大川一司（宇都宫高等农林学校，后任职于一桥大学）、森田优三（横滨高等商业学校，后任职于一桥大学）、盐野谷九十九（横滨商业专门学校，后任职于名古屋大学）、小原敬士（横滨商业专门学校，后任职于一桥大学）等人。此外，企划院（八木泽善次顾问）、参谋本部（直井武夫顾问）等省厅、行业团体的人员，高桥龟吉负责的高桥经济研究所、山崎靖纯负责的山崎经济研究所的人员，在东洋经济新报社长期跟随石桥湛山的、战争结束后任社长的村山公三等，也都是业务受托人。但是有泽的名字并没有被列入其中。

然而，有些人参与了报告撰写工作、被列入这份文件中，但在留存下来的秋丸机关的资料中却没有作为报告执笔者被记录下来；有许多人没有被列入这份文件中，但其实是参与了报告撰写的。此外，还有些人在这份文件中被当成秋丸机关的成员记录下

---

① 『支那抗戦力調査報告—満鉄調査部編』三一書房、1970年、95頁。
② 松村高夫・柳沢遊・江田憲治編『満鉄の調査と研究—その「神話」と実像』青木書店、2008年、383頁。
③ 「陸軍秋丸機関ニ関スル件」1940年、土井章監修・大久保達正ほか編『昭和社会経済史料集成 第十巻 海軍省資料（10）』大東文化大学東洋研究所、1985年所収。

来，但很难认为他们真的加入了秋丸机关。[1] 核心人物以外，有的人出于需要，接受过单独调查项目的委托，总之他们没有以组建研究所的形式开展过有组织、大规模的活动。

名列这份文件的人员中，除佐藤弘、小原敬士以外，国松久弥（上智大学，后任职于茨城大学）、新井浩（东亚研究所）、阿部市五郎（成城高中，后任职于专修大学）都是经济地理学家，以上这些人很可能是因为与佐藤弘相识，才被召集到一起的。[2] 身为经济地理学家的川西正鉴在 1942 年 3 月出版的地缘政治学著作中写道："向长期支持我的秋丸次朗表示衷心感谢，他给予了我具有启发意义的指导。"[3] 由此可见，秋丸机关动员的除经济学家、统计学家外，还有大量的地理学家。

川西似乎已将在秋丸机关工作的研究成果以著作形式公开发表，其他一些加入过秋丸机关的学者，也像他一样，将那些研究内容（包括统计结果）公开发表在市面上的图书或杂志的评论中。神户商业大学教授生岛广治郎编辑出版的大部头《大东亚共荣圈综合贸易年表》中，有大量的统计资料。该书于 1942 年分国别出版，生岛在"序言"（写于 1941 年 9 月 1 日）中向"陆军大佐秋丸次朗的关照"表达了感谢之意。[4] 加入国际政治组的木下半治也在 1942 年 11 月出版的著作的序言中写道："笔者此前受托在某机关开展与战争指导和政治相关的研究。本书以该项研究的部分内容为基础，略去不适合公开发表以及过于专业的表述，以通

---

[1] 据森田优三回忆，他在秋丸机关的一次会议上遇到了京都帝国大学经济学部教授柴田敬（森田優三「留学中の憶い出」鹿島郁子・長坂淳子編『大道を行く—柴田敬追悼文集』私家版、1987 年所收、91 頁）。森田说，那时柴田教授穿着"主计中尉的军服"，"在东京附近工作，也许是横须贺，记不太清了"。柴田作为陆军主计少尉，就职于军需省航空兵器总局是在 1945 年，而秋丸机关 1942 年就解散了，所以这应该是森田把 1945 年的某次会议与秋丸机关的会议记混了。

[2] 出自柴田阳一的讲述。

[3] 川西正鑑『東亜地政学の構想』実業之日本社、1942 年、序 1—序 2 頁。

[4] 生島広治郎責任編集・東亜貿易政策研究会編『大東亜共栄圏綜合貿易年表（世界各国ブロック別）[I] 泰国』有斐閣、1942 年、序 5 頁。

俗化的语言展现给读者。"[1] 这些成果说明，秋丸机关的大部分研究内容已经公开发表，而且在当时并没有被当成一个问题，请读者留意这一点（本书第四章将再就此进行分析）。

1939 年 12 月，经陆军大臣批准，被人们称为"陆军版满铁调查部"的秋丸机关，在会聚了众多学者与官僚后正式启动。第二年的 1 月末，该机关宣布正式成立，人员配置在 5 月时已经完备。[2] 再后来，秋丸机关遇到一些麻烦事。到底是什么麻烦事呢？

---

① 木下半治『戦争と政治』昭和書房、1942 年、序 5 頁。
② 「陸軍秋丸機関ニ関スル件」96 頁。

第二章　新体制运动的影响

关于新体制运动

在秋丸次朗的回忆文章中，有如下的文字。

> 待研究班的体制搭建完备、工作走上正轨后，政界与财界越来越关注我们这个机构。当时满洲国的经济由关东军控制，日本本土的经济由陆军左右，因而大家不禁起疑，日本本土要转向统制经济体制吗？
>
> ……此外，还发生了一件麻烦事。
>
> 最能干的成员有泽教授因为受第二次人民阵线事件牵连，涉嫌违反《治安维持法》，还处于保释期间，这是个问题。我明知教授的情况，仍决定邀请他参加研究班，但是检察机关却就此事诉起苦来。相关右翼也出来抗议。社会上反响很大，说这件事表明陆军正在赤化。①

秋丸个人可能是将以下两件事区分开来看待的，一是来自政界财界的质疑，二是因邀请有泽参加工作而遭到抗议。但其实这是两件性质相同的事情。当时围绕新体制运动的争论非常激烈。这一运动以确立"新政治体制""新经济体制"为目标，起用了有泽广巳的秋丸机关则被视为推进新经济体制的司令部，那些批判新体制的"政界财界""检察机关""右翼"等势力自然会出手

---

① 秋丸次朗「大東亜戦争秘話　開戦前後の体験記―秋丸機関の顛末を中心に」12頁。

对其进行攻击。

　　要了解当时的社会背景，需要对新体制运动进行说明（本章关于新体制运动的表述中没有加注释的部分都是基于拙作《近卫新体制与改革派官僚》[1]的内容）。

　　首先，出现建立政治层面的新体制要求的背景是：当时在明治宪法的制度之下，开展决策工作时，其功能缺陷愈来愈明显。一方面，明治宪法维护的是权力分立体制，防止权力向特定的组织和人物集中。例如首相虽然是国务大臣之首，但其他大臣与其地位对等。为配合这种权力分立体制，稳定政治局面，日本同时施行元老制度。但元老们相继离世，而政党又因不断的渎职事件或内讧失去国民信任。另一方面，为了建设"高度国防国家"，日本军方要求更进一步的统制，但是政党与财界却反对。在两方对立中，日本出现了权力的真空，导致内阁频繁更替。这种权力真空状态的持续，是日中战争长期化的原因之一。第一章曾写道，因与英美关系恶化，日本被孤立。出现实行新政治体制的呼声，是因为希冀建立类似纳粹政权的一国一党体制，通过强大的指挥力量打开局面。新体制运动刚一开始，采取支持态度的社会主义政党——社会大众党就率先解散，其他政党为了获得新体制运动内部的主导权，纷纷解散，几乎所有政党都以解散的形式参与新体制运动。如此一来，建立一国一党体制的条件在形式上已经具备。1940 年 8 月，首相近卫文麿通过木户幸一向昭和天皇上奏，强调为了从"整体性的公益立场"出发统制自由经济，应加强执行权，为此需要修改宪法，至少要改变宪法的适用内容。从根本上说，新政治体制的终极目标在于修改宪法。

　　新经济体制所追求的目标，的确受到纳粹的统制经济等的影响，但最直接的原因是战时经济的运转遇到了困难。昭和恐慌发生后，日本政府采取的高桥财政措施促进了经济恢复，但是因

---

[1]　筒井清忠編『昭和史講義—最新研究で見る戦争への道』ちくま新書、2015 年所収。

日本银行承兑赤字国债带来了财政持续扩张，又引发了通货膨胀的风险。为此大藏大臣高桥是清想恢复稳健的财政政策，可是在1936 年发生的"二·二六事件"中，他遭到暗杀。该事件结束后，广田弘毅内阁同意大幅增加军费预算，于是财政政策走向进一步的扩张。以军费为中心的财政扩张政策导致经济过热，随之而来的是市场的压力等诸多问题，要解决这些问题只好实行各种统制措施。例如军需品的生产增加需要大量进口原材料，导致外汇紧缺，还需要对贸易兑换进行管理。又因日本国内的财政需求增加，同时还担心带来通货膨胀，所以在进行物价管制的同时，需要实行针对必需品的配给制。

在日中战争爆发前，日本就已迫切需要实行经济统制。为了提高内阁制定综合政策的能力，内阁调查局（1935 年成立）于1937 年 4 月改组为企划厅，在日中战争爆发后的同年 10 月，企划厅又与内阁资源局合并组建了企划院。日本本来就缺乏资源，大量资源依赖进口；庞大的军费支出已超出其经济能力，需要实行经济统制；日中战争的爆发则使经济状况雪上加霜。实施"新经济体制"的目的就是要在资本主义机制的基础上进行变通，在公益优先的原则下实行"资本与经营的分离"，将追求个人利益的资本家从企业经营中分离出去，按照国家的方针政策经营企业。

对于"改革派官僚"这个词，第一章里没有进行详细解释，这个词其实指的就是一些与陆军联手推进新经济体制运动的官僚。狭义的改革派官僚包括：岸信介、椎名悦三郎、美浓部洋次（以上为商工省）；奥村喜和男（递信省）；毛里英於菟、迫水久常（以上为大藏省）等人。这些改革派官僚通过名为"月曜会"的聚会活动，可以与武藤章、秋永月三及军务局军事课课长岩畔豪雄交换意见。月曜会成立于 1939 年 10 月，由国策研究会的当家人矢次一夫（陆军省军务局局长武藤章的顾问）召集组织。岸和椎名等是商工省的干部，奥村、毛里等是主张统制经济的思想家，美浓部、迫水等是有实干能力的技术官僚，武藤是陆军军官，矢次是民间人士，这些人连接成一个巨大网络，塑造了"改革派官僚"这一颇具影响力的群体。这个网络中的椎名、美浓部、毛里、武藤、岩畔、秋永等人，都与秋丸次朗的关系不浅，秋丸本人也处于这一群体中。

据矢次一夫回忆，米内光政内阁成立（1940年1月16日）数日后，军务局局长武藤章要求："为了应对目前国内外重大局面……要展望五年后、十年后的形势，要提出能获得大力支持与合作的政策方案，要向国民广泛宣传……为了提出这样的方案，首先要把能吃透政策精神的、志同道合的、能互相配合的人才召集起来。"为此，矢次与军务课课长河村参郎、军事课课长岩畔商议后，请求秋永月三配合，通过国策研究会制订《综合国策十年计划》。[1]秋永让接受企划院委托的小泉吉雄先起草草案，请国策研究会的成员讨论后再提出方案。[2]据矢次说："官僚、政党人物、民间人士等有影响力的百余人参与了此事，有担任中将、少将、次官、局长、课长等重要职位的人物，也有数十位大学教授贡献了力量。"与岩畔和秋永等人地位接近的秋丸次朗及秋丸机关的人是否参与了？目前并不清楚。但从舆论对秋丸机关的批评在新体制运动时期更甚这一现象推测，很难说是没有关系的。总之，武藤、秋永、矢次等人以《综合国策十年计划》为基础，提交了反映陆军要求的政策提案，这一提案在第二次近卫内阁成立后被提交给首相，内阁于7月26日将其作为《基本国策纲要》公布。

《基本国策纲要》强调，世界正处于"历史的一大转折"时期，"要排除万难向实现国防国家体制迈进"，为此国家的根本方针是，"以日本为核心，以强化日满华团结为原则，建设大东亚新秩序"，所以要以"确立国家态势（新体制）"为目标。

为了将《基本国策纲要》具体化，秋永月三在企划院专门组

---

① 矢次一夫『昭和動乱私史　中』経済往来社、1971年、155—160页。
② 小泉吉雄『愚かな者の歩み—ある満鉄社員の手記』31—35页。

建了审议室，由该室负责起草详细方案"新体制案"，审议室成员中有秋永、美浓部洋次、毛里英於菟、小泉吉雄等，很多人与秋丸的关系密切。[1]

有泽广巳与新经济体制

新经济体制所追求的"资本与经营的分离"，将大大改变此前实行的资本主义经济。拥有企业的资本家经营企业、获得分红是为了追求私利，这些都变成了被批判的内容。新体制要求，此后要以"民有国营"的方式开展国家认为有必要的生产活动。朝日新闻社的评论员笠信太郎，是近卫文麿的智囊机构昭和研究会的活跃人物，他在《日本经济的重组》（1939 年 12 月出版）中，将"资本与经营的分离"的原则表述为"从利润本位转向生产本位"，该书是介绍新经济体制理论概要的畅销书。

近卫招揽了众多学者参与昭和研究会。该研究会曾经提出过《日本经济重组试行方案》（以下简称"试行方案"），笠信太郎的《日本经济的重组》的基础内容就是来源于此。其实试行方案的真正执笔人是有泽，曾在昭和研究会负责事务工作的酒井三郎能证明此事。

昭和研究会的相关人员，不仅在当时，甚至在现在都相信试行方案是由经济重组研究会提出、笠信太郎执笔写的。其实最初的试行方案基本框架是有泽广巳写就的。这项研究与其说是昭和研究会推出的，不如说是大山岩雄为了推进政治运动，在配楼租了场地当事务所，并委托有泽进行研究才搞成的。大山陪同有泽一起走访主要的企业、矿山等经营场所，访问经营负责人，头戴钢盔亲身进入煤炭矿井，仔细调

---

[1] 小泉吉雄『愚かな者の歩み—ある満鉄社員の手記』34 頁。

查实情后撰写出试行方案。当时大内兵卫、胁村义太郎、美浓部亮吉等人组成了劳农派教授团体，有泽是其中的成员之一。有泽当时被大学开除（1938），被禁止写作、参加一切公开活动。所以在访问经营负责人等场合，有泽就使用我的名片，变成了"酒井"。

笠信太郎在昭和研究会协助研究工作，他以有泽写就的试行方案为基础，并以针对该方案征求意见的名义召开研究会，整理了征集来的意见。后来，笠信太郎采用有别于有泽所写的试行方案的形式，出版了《日本经济的重组》。[1]

研究日本现代史的美国学者劳拉·海因（Laura Hein）的著作《有理性的人们，有力量的语言》（*Reasonable Men, Powerful Words: Political Culture and Expertise in Twentieth-Century Japan*）专门对大内兵卫等人组成的团体进行了分析。她不认同酒井的话，不认为有泽是试行方案的执笔人。[2]但是，其实有泽本人也是承认这一事实的。[3]记载酒井言论的书籍《昭和研究会———一个知识分子团体的轨迹》（1979年出版）的腰封上，有一段推荐文字就是有泽写的。

政治学家矢部贞治曾任昭和研究会外交部会负责人，战争期间他曾在后藤隆之助的事务所见过有泽，[4]后藤是昭和研究会的负责人。有泽的日记也记载着，1945年9—12月，他经常与后藤见面，[5]可见有泽与昭和研究会有关联，而且与后藤的关系比较密切。

---

① 酒井三郎『昭和研究会—ある知識人集団の軌跡』TBSブリタニカ、1979年、130—131頁。
② ローラ・ハイン、大島かおり訳『理性ある人びと　力ある言葉—大内兵衛グループの思想と行動』岩波書店、2007年、242頁。
③ 中村隆英「笠信太郎」三谷太一郎編『言論は日本を動かす　第①巻　近代を考える』講談社、1986年所収、165頁。
④ 矢部貞治『矢部貞治日記　銀杏の巻』読売新聞社、1974年、685頁。
⑤ 有沢広巳「戦後日記」『有澤廣巳の昭和史』編纂委員会編・発行『歴史の中に生きる』所収。

在 1939 年秋之前，身在"满洲国"的秋丸次朗，对于有泽和新经济体制运动之间的关系了解到什么程度，这一点笔者无从知晓。但是秋丸与推进新体制的团体关系密切，他在此时邀请有泽难道只是个偶然的举动吗？笔者也无法回答。可是从结果来看，推进新经济体制运动的重要人物成了秋丸机关的核心人物，是无法否认的事实。

秋丸自己也认识到了新体制的必要性。秋丸在 1941 年 1 月出版的《陆军主计团纪事》中发表了《欧洲战争与世界经济的新动向》一文（写作日期是 1940 年 11 月 20 日）。因为这篇文章也是"主计分团在陆军省班野外作业时形成的讲话精神"，所以也算是秋丸面向主计军官群体的讲课内容。秋丸在该文结尾部分"日本应走的道路"中写道："最关键的是，要果断地在国内进行改革，建立高度国防国家，依靠国家综合实力推行一元化的世界政策……依靠国内新体制使国民如钢铁般地团结起来，运筹帷幄，发挥政治的综合力量。"[1] 据此可以判断，当时秋丸本人对于新政治体制以及新经济体制是支持的（关于这篇文章的其他内容将在下文详述）。

如此看来，秋丸在关东军第四课工作时，曾在秋永月三手下参与落实《满洲产业开发五年计划》的工作，曾与岸信介、椎名悦三郎、美浓部洋次和毛里英於菟等改革派官僚有过交流。他在陆军省经理局任课员时，兼任军务局课员，在军务局局长武藤和军事课课长岩畔手下工作。若他果真动员过经济学家（特别是起草过有关新经济体制的试行方案的有泽）和企划院的相关人员参与了创建经济研究机关的工作，那么人们自然就有理由怀疑："就像关东军在满洲国做的那样，陆军会不会在日本本土控制经济界，并使其逐渐向统制经济体制过渡呢？"

---

[1] 秋丸次朗「欧州戦争と世界経済の新動向」『陸軍主計団記事』第 370 号、1941 年、27 页。该资料由荒川宪一提供。

秋丸机关的苦心

新体制运动受到了各界的强烈批判。观念右翼将大政翼赞会当作一种反对天皇亲政的组织，政党政治家们则不赞成该运动否定议会的作用，财界则把该运动主张的"资本与经营的分离"当作"赤化"（社会主义运动）。明治宪法的第一条规定"大日本帝国由万世一系的天皇统治"，第二十七条规定"日本臣民的所有权不受侵犯"。在新体制的反对派看来，大政翼赞会这一组织与幕府相似，新体制运动要通过强化经济统制来限制所有权，那么这就是违反明治宪法的，就是要抛弃明治维新的成果（《治安维持法》维护的"国体"与"私有财产"），就是所谓的"反革命"，这并不是新体制，而是封建旧体制的回归。

为了减少新体制运动以及反对派对秋丸机关的关注，秋丸次朗将"研究班的名称由此前的陆军省战争经济研究班，更名为陆军省主计课别班。对外则简单地称为秋丸机关，为了模糊其工作内容煞费苦心"。[1] 其实秋丸机关的大部分资料是以"陆军省主计课别班"的名义出版的。另外，如下文所述，由于在当时是当作"极秘"文件处理的，一些不为外人所知的资料如《英美合作经济抗战力调查》《德国经济抗战力调查》，是以"陆军省战争经济研究班"的名义出版的，应该说其机构没有变更，只是对外称谓有所不同。曾参加过秋丸机关工作的冲中恒幸在1941年12月5日出版的著作中，"作者介绍"部分赫然写着"兼任陆军省经济研究班研究员"，[2] 所以说秋丸机关是因为不愿引人注目，才使用"陆军省主计课别班"的称谓。

1941年9月出版的《陆军省各局课业务分配表（省外秘）》中，详细记载了陆军省经理局主计课的业务分配内容，以及其他负责人的工作内容。但是关于"秋丸主计中佐、川岸主计大

---

① 秋丸次朗「大東亜戦争秘話　開戦前後の体験記—秋丸機関の顛末を中心に」12頁。

② 沖中恒幸『金融国防論』ダイヤモンド社、1941年。

尉、武村（忠雄）主计少尉"三人的栏目内，只记有"负责经济研究事项"的字样，可见陆军省内也没有声张秋丸机关具体的活动内容。

秋丸机关起用有泽一事遭到了相关右翼的抗议，还招致议论称"陆军在赤化"，所以经理局局长多次遭到来自"爱挑剔的陆军大臣东条"的警告。秋丸写下了这样的回忆："有次被大臣叫去，我以为会被开除，森田（亲三）主计课课长照顾我，让我在室外等候着，课长一个人进屋说明情况，后来终于没事了。那之后宪兵队几乎每天都有人过来侦察情况。由于受到外界的胡乱猜疑和议论，只好施行苦肉计，表面上解除了与有泽教授的关系，但暗地里仍继续请他进行研究工作。"①

从1940年7月22日开始，东条英机担任第二次近卫内阁的陆军大臣（此前担任陆军航空总监）。上文提到的《关于陆军秋丸机关的文件》，是海军省调查课于1940年6月末起草的，其中业务受托人的名单中，并没有有泽的名字。而财界和右翼等对新体制运动的攻击，最猛烈的时候是1940年末，那时陆军大臣东条关注到起用有泽的事情，这应该也是事实。但是即使在那以前，有泽也没有公开出现在名单上，只是在暗地里工作。

海军省起草的这份文件显示，在接受秋丸机关委托业务的人员中，"以研究班成员的身份，直接由研究班安排工作的人"（中山伊知郎、宫川实、神崎诚、八木泽善次、直井武夫、森田优三、大川一司、小原敬士等）的姓名被画上圈，"其他的人也是被画圈选定"。文件上甚至还写着"被画圈的人中有一位曾被认定为左翼，有三位具有左翼倾向，但现在没有需要特别注意的动向"。②究竟指的是谁？并不清楚。被画圈的人中，有马克思经济学家宫川（河上肇的弟子），有参加过有泽研究小组的满铁调查部的神崎，有接受过企划院委托业务的八木泽，有加入过日本共产党、

---

① 秋丸次朗「大東亜戦争秘話　開戦前後の体験記—秋丸機関の顚末を中心に」12頁。
② 「陸軍秋丸機関ニ関スル件」105頁。

因 1928 年的"三·一五事件"被起诉后改变信仰的直井。还有小原，他被视作"与左翼有关联的人"，还曾给唯物论研究会的机关刊物《唯物论研究》投过稿。哲学家户坂润等也参加过这个研究会。加入秋丸机关的人里，的确有一些与左翼有关联的人士，对此，很早以前就有人注意到并且抱有戒备之心，这对秋丸机关后来的活动造成了一定影响。

新体制运动受挫带来的影响

新体制运动受到批评后，连运动的核心人物近卫文麿本人都动摇了，对于政治、经济的改革态度也明显消极起来。在新政治体制方面，大政翼赞会于 1940 年 10 月宣布成立。但它不是以起初设计的"党"的形式出现的，而是一个全民性的组织。身为总裁的近卫并没有公布相关纲领或宣言，只不过说了些语焉不详的"臣道实践"之类的方针。同年 12 月内阁会议通过的《新经济体制确立纲要》中，"资本与经营的分离"之类的表述消失了，"适当的企业利润"得到认可，新经济体制已经失去了当初的改革色彩。

新体制运动受挫后，批评大政翼赞会违反宪法的声音不绝于耳。大政翼赞会于 1941 年 4 月进行的改组，又使其失去了政治属性。该组织事实上成为配合战争的政府外围团体，远离了当初新政治体制的目标。最终剩下的，只有一些孤立的经济统制框架，以及大政翼赞会用于动员国民的大框架。

如此，对于新体制运动的批评声势渐强，新政治体制也像新经济体制那样丧失了原本的主要内容，这也意味着明治宪法、议会制度、资本主义经济等明治时期以来实行的旧体制，基本上得以保存下来。而新政治体制原本想解决的"在权力分立式的明治宪法制度下，无法高效开展决策"的问题，丝毫没有得到解决。

1941 年，国际形势的变化更加剧烈。那时的日本处于权力分立的状态中，无法进行明确的决策，但是反而在这一时期做出了反证性的"对英美开战"这项重大决策。关于这一点，将在第五章详述。

第三章　秋丸机关的活动

用"班报"考察秋丸机关的研究

　　秋丸机关是怎么开展研究工作的呢？记载相关内容的资料，保存在一般社团法人农山渔村文化协会经营的农文协图书馆里（虽然目前处于休馆状态，但还保留着资料与藏书）。战争结束后，加入过秋丸机关的近藤康男，曾担任该图书馆的理事长。任职期间他保存下来一些资料，其中有关于秋丸机关的。本书第一章提到的海军省起草的资料中记载，近藤是接受秋丸机关委托业务的人之一（负责研究"从物质资源考察经济抗战力"的"农产品原料"部分），但在近藤本人的回忆中[①]，关于秋丸机关只字未提。近藤保存下来的资料中，与秋丸机关相关的有以下若干种：1940年的秋丸机关（署名为陆军省主计课别班）的"班报"；为1941年出版的报告《英美合作经济抗战力调查》《德国经济抗战力调查》而准备的基础资料（1942年出版了其中大部分内容）；近藤起草的草稿和"德国组"各项目负责人、业务受托人的一览表等（虽然有人认为是"德国组"的资料，但因与秋丸的记忆存在出入，所以也可能是1940年初的资料）。笔者将从"班报"的视角，观察秋丸机关的实际活动情况。[②]

　　第 1 期"班报"是 1940 年 8 月 10 日发布的，主题是"研究

---

① 近藤康男『一農政学徒の回想』上下、農山漁村文化協会、1976 年等。

② "班报"的全文刊登在本书作者的以下文章中。「陸軍省主計課別班「班報」（陸軍秋丸機関内部資料）：資料解題と全文」『摂南経済研究』第 8 巻第 1・2 号、2018 年。

注意事项"，包括"研究态度""研究要点""报告汇编""研究报告的形式""严守报告提交时限"等栏目。"班报"上写有："本班研究的目的以及要点，将通过项目负责人贯彻执行，随着研究的正式推进，更需对此项多加注意，以期开展完美的研究。"从这些表述推测，秋丸机关正式启动研究工作应在1940年夏，确立的目标是开展准确的研究。

"研究态度"部分，要求在开展对"各国政治经济的分析研究"时，应"追求掌握客观事实，避免陷入主观性的观察中""利用论据得出数据，推出简洁明了的结论"，也就是根据统计材料等进行客观判断，简洁清楚地得出推论。

"研究要点"部分，要求不要"陷入启蒙式的、普遍性的研究中"，要"将研究重点一直放在挖掘战争体制下的各国国民经济的弱点"上。计划通过"详细综合分析假想敌的经济抗战力，把握其最薄弱环节，摸清我方经济抗战力的持久度，谋求应对之策。"[1]这些要求充分反映了秋丸在研究方向上的倾向。当然，对日本的敌国来说，"各国国民经济的弱点"将会成为被攻击的重点。对日本及与其保持盟友关系的国家来说，则要通过掌握弱点理解战争的困难程度。从这个意义上说，秋丸机关开展"各国国民经济的弱点"调查具有双重意义。

"报告汇编"部分，要求"各项目负责人不能只对各研究承担者提交的报告进行简单的串联，应在亲身参与讨论后进行汇总"，在此基础上，"报告的起始部分要有项目负责人起草的'提要'，便于读者理解研究内容（结论）"。从这一规定判断，项目负责人在整理研究内容、方便读者理解报告方面，发挥着巨大作用。中山伊知郎曾说过的"我们总是独立作业"[2]可以理解为，单独委托的调查活动是以由项目负责人统领的方式开展的。

"研究报告的形式"部分，要求"在引用统计数据等其他方

---

① 秋丸次朗「大東亜戦争秘話　開戦前後の体験記―秋丸機関の顚末を中心に」12頁。
② 中村隆英・伊藤隆・原朗編『現代史を創る人びと　1』毎日新聞社、1971年、194頁。

面资料时，应明确标示出处"。由于担心各组不遵守形式上的要求、在汇总成果时出现问题，"班报"还特别提醒，对于"违反了规范要求的报告，将要求更换"。由于"各组的研究遵循分工协作的原则"，"当个人的研究进度慢于时限要求时，将会给整体研究进展带来麻烦"，"班报"还要求"严守报告提交时限"。总体看来，秋丸次朗作为一名负责人，"性格上是非常认真的"（秋丸次朗的儿子秋丸信夫的评语）。

第 1 期"班报"上还记载了秋丸机关 7 月 10 日搬迁至位于青山一丁目的临时陆军东京经理部内的事情，秋丸机关原先位于麹町的房间则继续作为会议室使用。秋丸回忆，搬迁"是为了放烟幕弹"，秋丸机关将办公室移至青山后，再"暗中执行任务"，有人认为搬迁是被陆军大臣东条就起用有泽一事特意提醒之后的措施。[1]但上文提到过的那份文件，即 1940 年 6 月末海军省起草的《关于陆军秋丸机关的文件》中，明确写着"近期将更名为主计课别班，并计划搬迁至本省"[2]，所以实际上在东条作为陆军大臣上任（7 月 22 日）之前，秋丸机关的搬迁事宜就已列入计划并且开始实施了。

秋丸机关对国际形势的认识

秋丸机关的第 2 期"班报"是 9 月 5 日发布的。在最初的"关于研究进展"栏目里，与问候语一起出现的有"秋天来临，我们的研究进入了一个紧张的阶段""快到完成时限了""期待大家的成就"等语句。"班报"上既有"从物质资源角度考察美英德等国的抗战力"的研究项目与负责人的信息，还有"完成日期：1940 年 11 月 30 日"这样的内容。估计是原计划以 1940 年 11 月

① 秋丸次朗「大東亜戦争秘話　開戦前後の体験記—秋丸機関の顚末を中心に」12—13頁。
② 「陸軍秋丸機関ニ関スル件」96頁。

30 日这天为节点，完成基础调查，此后再利用这些材料汇总出研究报告。但是，下文将会介绍，实际上除了日本组，其他组的研究工作都延迟了。

值得注意的是，第 2 期"班报"显示出秋丸机关正在分析第二次世界大战初期的国际形势（同年 6 月，意大利作为轴心国的一员参战，法国投降，苏军进驻波罗的海三国。从 8 月开始，英德空战即不列颠战役激化，德国计划登陆英国作战）。

> 一方面，意大利的参战，以及法国的投降，促使英德决战白热化，在德国的优势面前，英国难掩败势。另一方面，美国于国内加强军备，对外强化对英国援助，阻止德国称霸，同时也阻止日本在东亚地区推进重建政策，以期确立本国称霸世界的地位。
>
> 苏联依然秉持不介入欧洲战争、收复本国失地和重建的原则，以图专心充实本国实力。随着英美对德国战争的长期化，苏联加强了援蒋红色通道，对于与日中战争相关的事项则采取拖延的办法，以期谋求本国力量的相对增强。

这说明，在德国利用优势推进战争之时，美国正通过援助英国、抑制德国和日本来扩张本国势力。苏联的办法则是：不直接参与发生在欧洲的战争，放任"英美对德战争"长期化；通过援助蒋介石政权，放任日中战争长期化；在冷眼旁观其他各国不断被卷入战争的过程中，达到本国力量相对增强的效果。

从这种对国际形势的分析出发，秋丸机关明确提出按照以下方针开展研究。

> 1. 苏联依然是重点研究对象。
> 2. 必须重视英国本土以外地区的人心向背以及战略价值。
> 3. 要把美国当作一个假想敌开展研究，这非常重要。

4. 应该重视对纳粹的国防经济体制的研究，这是德国取胜的关键因素。

5. 法国作为研究对象的重要性在降低，但是有必要开展对德国在法国的占领区的经济实力的研讨。法国惨败的原因中，是否有政治经济上的缺陷，此类研究非常重要。

6. 意大利称霸地中海和红海地区，除其在北非和近东地区的活动引人注意外，没有其他的大变化。

7. 随着东亚地区对英美的依赖逐渐减弱，关于应该如何确立大东亚共荣圈的研究更加重要。

由于明确要求应"按照以上方针，制定研究计划"，秋丸机关后来的研究都是在这个方针下进行的。尤其是关于"英国"，要重点研讨其本土以外地区的（殖民地及自治领）战略价值的重要性，以及将"美国"当作假想敌开展重点研究，还有研究分析德国在法国的占领区对德国的影响等，以上方针深刻影响了在第二年推出的《英美合作经济抗战力调查》《德国经济抗战力调查》的内容。方针中还提到"苏联依然是重点研究对象"，考虑到创建秋丸机关的契机本就是诺门坎事件，很明显秋丸机关很重视对于苏联的研究。

10月25日，第3期"班报"发布了。其中有"提交研究报告的期限日益临近，各位已钻研多日，为推进研究，务请加油"之类的语句，显然是在督促研究工作。在大约一个月之前的9月27日，德意日三国军事同盟宣布成立。同一时段，为阻断"援蒋通道"，日本军队进驻法属印度支那北部，因而日本与英美的关系更加恶化。美国10月16日宣布禁止对日出口碎钢，英美成为"敌人"的概率越来越大，所以日本对于研究成果的期待也越来越强烈。

第2期、第3期"班报"还介绍了秋丸机关的出版物，从内容上划分，有分析国外形势的成果，还有对国外资料的翻译成果，也有关于日本的研究成果。如《从贸易额考察我国对外依赖状况》

《美国禁止出口碎钢对我国的影响》，这两篇是关于日本的研究成果，第一篇目前保存在东京大学经济学图书馆内，第二篇因标有"极秘"标志，处理方法有所不同。按照《军用资源秘密保护法》（1939年3月公布）的规定，关于日本经济的详细信息，要做特殊的机密处理。第二篇是将日本与外国进行比较分析的成果，属于更需严加管理的信息，估计战争结束后那种"秋丸机关的资料是违反军方意志的，都被烧毁了"的"传说"就是因此产生的吧（参见第七章）。

在近藤康男保存下来的资料中，关于秋丸机关的，只有与1940年这一年相关的内容。估计近藤是在1940年内（或者财政年度内）接受委托并提交了研究成果，从那以后他就与秋丸机关没有任何联系了。

秋丸机关的研究方法

翻阅秋丸机关在1940年12月1日发布的《资料年报》，会发现其中有弗里德里希·奥古斯特·冯·哈耶克（Friedrich August von Hayek）、约翰·梅纳德·凯恩斯（John Maynard Keynes）、莱昂内尔·罗宾斯（Lionel Robbins）等著名经济学家的著作，还有大量的由美国人口普查局出版的统计资料。[1]

据中山说，秋丸机关为获得统计日本国民收入的模型，参考了德国恩斯特·瓦格曼（Ernst Wagemann，曾任德国经济研究所所长）的研究、苏联国家计划委员会（负责指导苏联的计划经济）的信息和"瓦西里·里昂惕夫（Wassily Leontief）对美国经济的分析"（相关产业的分析）的资料等，以期把握日本国民收入的循环周期。[2] 有泽也谈道："秋丸机关专门为我从美国搞到了里昂

---

[1] 陸軍省主計課別班『経研目年第一号　資料年報　昭和十五年十二月一日現在』1940年。

[2] 座談会「経済政策論の発展過程およびその周辺」『中山伊知郎全集　別巻』講談社、1973年所収、64—65頁。

惕夫关于美国投入、产出的报告书。那非常有参考价值。"中山伊知郎也以里昂惕夫的《美国经济的结构：1919—1929》(*The Structure of American Economy*)(1941)等为基础开展工作，他"记得当时为了描画出日本经济循环的图形，付出了许多艰辛。其中的一部分内容，不是以报告的形式，而是以论文的形式，有选择地但是大量地在《战争经济的理论》中呈现"。[1] 如此看来，有泽和中山都可以证明，目前在宏观经济分析中被广泛运用的投入产出表，为当时秋丸机关的研究工作提供了参考。

但是阅读中山的《战争经济的理论》(日本评论社，1941年10月出版)后会发现，尽管书中谈到了运用"新经济表"的必要性，却没有出现里昂惕夫的姓名和投入产出表的相关表述。留存至今的秋丸机关的报告书以及基础资料中，虽然介绍了科林·格兰特·克拉克(Colin Grant Clark)等进行的海外国民收入推算的情况，但依笔者浅见，书中没有投入产出表的相关介绍及利用它开展研究的痕迹。

晚年的胁村义太郎对秋丸机关做过专门调查。他还记得在战争期间与数理经济学家安井琢磨之间关于投入产出表的对话，并向安井及曾在哈佛大学与里昂惕夫一起学习过的都留重人，确认过秋丸机关与投入产出表之间的关系。胁村问安井："用半年时间阅读《美国经济的结构：1919—1929》后，就能将书中的内容应用于测算日本的经济抗战力吗？"安井回答："那些数字是以美国1929年前后和30年代中期的数据为基础计算出来的，相关观点也是经多年研究积累才提出来的。即使我们读了这本书，也不能立即据此把日本的统计数据汇总起来进行计算。这是做不到的。"[2]

即使是从战争时期日本经济学的研究水平来看，也很难认定秋丸机关在利用投入产出表从事经济抗战力的研究。从昭和时代初期开始，日本内阁统计局就在对国民收入进行推算。但正式

---

① 中村隆英・伊藤隆・原朗編『現代史を創る人びと　1』194—195頁。

② 脇村義太郎『二十一世紀を望んで一続　回想九十年』岩波書店、1993年、14—15頁。

在政府内对国民收入开展研究工作，起始于改革派官僚中的一个人，他就是时任大藏省理财局金融课课长的迫水久常。由他牵头起草的《财政金融基本方策纲要》于 1941 年 7 月经内阁会议批准，该纲要制定了国家资金基本计划，提出要测算"国家财力"（事实上的国民收入），并将其分配到财政、产业及国民消费中去。为了测算国家财力，1941 年 9 月，大藏省理财局设立了国家财力研究室（室长是东京帝国大学经济学部教授荒木光太郎，顾问是该学部教授、统计学家中川友长）。为了开展关于国民收入的理论性研究，大藏省与日本银行合作，于 1943 年 9 月设立了财团法人国家财力研究所。除了荒木、中川之外，还有下村治等人加入了这一研究所。下村治在战争结束后成为首相池田勇人的智囊。有关国家财力研究所的资料收录在名古屋大学的《荒木光太郎文书》[①] 等书中。依笔者浅见，当时关于投入产出表的研究仅停留在理论层面。1944 年 5 月 25 日，加入秋丸机关的森田优三在国家财力研究所的研究会上，发表了对德国的国民收入理论、凯恩斯提出的国民产出进行比较的研究成果，其中没有提及投入产出表。到 1944 年时，在国家财力研究所这个为开展国民收入研究而设立的国策机关中，关于投入产出表的研究只停留在理论研究的阶段。这说明，当时日本的经济学在投入产出表方面，还未达到细致计算的水平。

利用投入产出表等运筹学研究方法，开展资源分配与作战能力研究的工作，是由迫水久常牵头的。他邀请了桥本元三郎、河田龙夫、坂元平八等数学家，于 1943—1944 年在内阁作战能力

[①] http://www.nul.nagoya-u.ac.jp/erc/collection/araki.html。1951 年，荒木光太郎去世。1954 年荒木在东京帝国大学经济学部时招收的弟子城岛信弘（当时担任名古屋大学经济学部助教授，后担任该学部的主任、四日市大学校长）协调，名古屋大学研究生院经济学研究科附属国际经济政策研究中心信息资料室收藏的《荒木光太郎文书》，由名古屋大学经济学部接收（小堀聡「荒木光太郎」（近现代史の人物史料情报）『日本歴史』第 839 号、2018 年）。

计算室开展工作。这些工作似乎与经济学家没什么关系。[①]

　　知晓以上情况后，很难得出秋丸机关在利用投入产出表开展分析的结论。里昂惕夫制作的投入产出表的部分内容，收录在美国国家资源局推出的《美国的经济结构》的第一部分（*The Structure of American Economy*, *Part 1, Basic Characteristics*, 1939）中，该书是在加德纳·考特·米恩斯（Gardiner Coit Means）的领导下完成的，他曾与伯利（Berle）共同提出"所有权与经营权分离"的概念。该书的书名与里昂惕夫的著作很相似，而且在战争期间又再版，其中的数据和关于经济循环周期的思考，在日本被当成分析美国经济的重要资料而受到关注。但实际上秋丸机关在经济抗战力的研究方面，并没有使用投入产出表。[②]

　　下文将提到的《英美合作经济抗战力调查》，采用现代宏观经济学的方法、国民收入分析（国民收入推算数据估计采用了克拉克等国外的经济学家的推算）方法，从马克思经济学的再生产视角，在区分生产资料部门与消费资料部门的基础上展开分析。《德国经济抗战力调查》采用的是武村忠雄独特的分析法（下文详述），他可能就是该成果的执笔人。因此，在研究方法上，很难说秋丸机关采用的是统一的方法。

　　现存的秋丸机关的翻译成果及资料，从内容上看，与其说是经济学理论的研究成果，毋宁说大部分是国外资源的统计信息和国外关于"经济战"的观点。这些资料保存在国立情报学研究所管理的大学图书馆里，可以通过书籍检索服务以及日本的大学图书馆书目检索系统（CiNii Books）、国立国会图书馆检索系统、国立公文书馆亚洲历史资料中心等渠道，用"陆军省主计课别班"的关键词检索到。

---

① 木村洋「第二次世界大戦期に於ける日本人数学者の戦時研究」『数理解析研究所講究録』（京都大学）第 1257 巻、2002 年、266—267 頁。
② 脇村義太郎『わが故郷田辺と学問』233 頁。

日本组的报告

留存至今的关于秋丸机关的资料中，有关日本的数量不多。阅读后就会发现，这些资料指出了日本经济的脆弱性，以及日本在经济上对假想敌——英美的高度依赖性。在上文曾提到的 1940 年 9 月推出的资料《从贸易额考察我国对外依赖状况》中，就有以下分析。1939 年，日本进口额中，来自日满华经济区的只占 23% 多一点，将近 77% 来源于其他地区。而且从其他地区进口的部分中，超过 81% 的进口依靠英美，尤其是来自"美国区"的进口占 52% 以上。由于第二次世界大战的爆发，日本从英国经济圈（英帝国）的进口减少，从美国的进口增加，所以在进口方面更加依赖美国。[①]

对于这一背景下的日本经济的脆弱性，经济学家当然能发现，其实陆军也意识到了。陆军多次设想过日本以英美为敌开战的情况。1940 年 5—8 月，企划院接受陆军委托，针对日本对英美和苏联宣战并占领南方后的经济力量演变进行了预测，制定了《应急物资保障计划试行方案》。最后却得出这样一个悲观的结论：钢材产量将减少到 2/3，民用物资将减少一半以上。[②] 在 1941 年末太平洋战争爆发前，陆军曾多次组织人员对国力进行测算评估。这说明，焦虑的陆军明知日本没有相应的国力，却还在想方设法寻求对策。

秋丸机关日本组的研究工作进展得比较顺利。1940 年末或者 1941 年初，[③] 在东京九段的偕行社，召开了秋丸机关的报告会，中山伊知郎在会上介绍了日本组的结论（中山记得听报告的人

---

① 陆军省主計課別班『経研資料第一号　貿易額ヨリ見タル我国ノ対外依存状況』1940
　年、1—3 頁。
② 《应急物资保障计划试行方案》的资料以及说明，可参照以下资料。中村隆英・原朗編
　『現代史資料 43 国家総動員 1 経済』みすず書房、1970 年。
③ 关于以日本的经济力量为主题做报告的日期，中山做过以下说明。一个是"我记得是在
　1940 年末"（座談会「経済政策論の発展過程およびその周辺」62 頁），另一个是"在
　1941 年初"（「第十集への序文」『中山伊知郎全集第十集』講談社、1973 年、I 頁）。

中，坐在对面位置的核心人物是一位名叫远藤的主计中将。那人其实是主计课的秋丸次朗的顶头上司，主计中佐远藤武胜）。根据中山的回忆，那时的课题是"日本的作战能力可以承受规模为日中战争两倍的战争吗"。参与该项研究的并不只限于日本组的人，有泽研究了日本能派出多少兵力的人口问题，中山研究了生产力的问题，武村忠雄研究了"船舶与石油"的问题。大家得出的结论是："日本无法承受规模大于当前战事的两倍的战争，现有能力已被充分利用，若再继续扩大战争，日本不仅没有作战的能力，还会丧失生存下去的能力。"[1]

据中山称，这是一个对日本经济力量的悲观预判，但陆军并没有对此进行什么特别的批评。这大概是因为企划院起草的《应急物资保障计划试行方案》等文件已经让陆军知道，如若开战，日本将面临从国家实力角度预判得出的严峻后果，所以日本组的报告内容也算是意料之中吧。可是在报告会后，中山与陆军方面的人会餐时，其中一人说："打仗啊，如果有四成的胜算就可以干"。对此中山回忆道："我可真服了他们了。"[2]

1940 年冬，参谋本部要求陆军省整备局战备课对这个问题进行研讨：假设在明年春季对英美开战的话，国家物质力量方面会出现什么状况？对此，战备课在 1941 年 1 月 18 日回复："若进行两年以内的短期战争，并且能避免对苏战争的话，才有在南方动武的可能。但是，此后帝国将缺乏回旋余地，对美英的战争如果长期化，将面临巨大的危险。"战备课课长冈田菊三郎大佐在 3 月 25 日还向参谋总长等领导介绍了关于国家物质力量的评估结果，其内容是："物质力量在开战后第一年将下降至75%~80%，第二年将继续下降（至 65%~70%），新造船舶虽能填补船舶的损耗，但若想在南方获取资源以供日本利用，依然

---

① 中村隆英・伊藤隆・原朗編『現代史を創る人びと　1』194 頁。
② 座談会「経済政策論の発展過程およびその周辺」62 頁。

存在极大风险。"这是一个悲观的预判。[①] 战备课的预判是否与陆军省内的秋丸机关日本组的研究有某种联系，笔者无从得知，但是秋丸机关先行展开的研究，有可能作为基础材料被战备课用于预判。

陆军省军务课高级课员石井秋穗在其回忆录中写道："秋丸中佐就国家金融力量进行过大规模的调查评估，而且多次向我们做报告。"他证实《对南方施策纲要》曾参考过秋丸机关、三菱经济研究所的研究成果。[②] 这份纲要指出，如果出现"威胁帝国自身安全的情况"与"帝国国防层面不能允许的情况"，日本将行使武力，但基本方针还是"扩充综合国防力量"。石井认为，"当时的共识是日本虽然有靠武力南进的愿望，但是无法做到，所以要将研究的结果以数据的方式呈现出来，通过文章确认这个共识"，于是才有了《对南方施策纲要》。秋丸机关、陆军省战备课等的研究成果证明，日本充分认识到本国的国家物质力量无法支撑长期的对英美战争，所以打算以不刺激英美的方式向南方发展。[③] 至少在 1941 年上半年，秋丸机关的研究让当局认识到了日本国家实力的上限，起到了抑制行使武力的作用。

1971 年，中山接受采访时被问道："有人说有泽广巳在 1941 年夏天因不断受到催促，提交了油印的并未完全准备好的报告。"对此中山答道："我不记得有这样的事。"[④] 除中山外，日本组的成员森田优三也只对有关日本的研究工作做了回顾。可见，日本组的研究工作推进顺利，他们于 1941 年初完成研究并且提交了报告。中山等人的任务就此完成，从那以后与秋丸机关再没有什么

① 塩崎弘明「对米英開戦と物的国力判断—陆军省整備局の場合」近代日本研究会編『年報・近代日本研究—九　戦時経済』山川出版社、1987 年所收。

② 『石井史料（11）　石井秋穂大佐回顧録』防衛省防衛研究所所蔵（中央—戦争指導重要国策文書—798）、96—98 頁。

③ 相澤淳「太平洋戦争開戦時の日本の戦略」防衛省防衛研究所編・発行『平成 21 年度戦争史研究国際フォーラム報告書』2010 年所收、37 頁。

④ 中村隆英・伊藤隆・原朗編『現代史を創る人びと　1』194 頁。

联系。下文将涉及的后来提交的《英美合作经济抗战力调查》《德国经济抗战力调查》中，虽然也提出了具体的战略计划，但如果知道此时日本组的研究已结束的话，就能理解中山在回忆时说的话："说我们做出了可以发起战争的答复，那完全是误解。"[1] 森田在回忆中表示："关于秋丸机关的工作及其内容，坊间的传闻中多有误解，实际上研究得出的结论对于日本的战争能力持消极态度。至少，秋丸机关认为日本的交战能力是有限的。"[2] 在秋丸机关对日本经济抗战力的评估上，这两人的评价应属正确。虽然还没怎么发现关于日本组的研究的资料，但是可以推测，其研究内容与企划院的《应急物资保障计划试行方案》、陆军省战备课的研究没有显著不同之处。

研究的延迟

除日本组以外的其他组的研究工作都延迟了。有泽也回忆说："其他组也一样，英美组的调查从最初就拖延了，进展缓慢。"[3] 以有泽为核心人物的英美组的会议，是在 1941 年 1 月和 3 月召开的。经济地理学家佐藤弘邀请了新井浩（佐藤与新井皆毕业于东京帝国大学理学部地理专业）参加会议。新井在战争结束后对胁村义太郎说过，当时约有二十人参加了会议，佐藤经常与有泽相邻而坐[4]，似乎有泽和佐藤专门汇总了有关资源的研究成果。在 1940 年 12 月之前，新井曾加入过东亚研究所第一部自然科学班，提交过报告《南方地区的锡》。新井加入有泽负责的英美组的分会"美国的战时资源力量"小组后，负责研究美国的锡、钨、钼、钒等矿产资源的情况，从这些方面有可能找到美国的弱点。新井证明，高层要求每位成员在 3 月 25 日之前提交报

① 座談会「経済政策論の発展過程およびその周辺」62 頁。
② 森田優三『統計遍歴私記』日本評論社、1980 年、111 頁。
③ 有沢広巳『学問と思想と人間と』162 頁。
④ 脇村義太郎『二十一世紀を望んで――続　回想九十年』10 頁。

告，他大概熬了五个夜晚完成报告后，将报告提交给了陆军经理部。报告后来的命运如何，新井并不清楚，他阅读了胁村写的材料后，以为报告都被烧毁了，所以很失落。[①] 其实，新井执笔的报告名为《有色金属的资源力量》，收录在《抗战力判断资料第五号（其一）第一编 从物质力量考察美国的抗战力》（1942 年 3 月出版）中，目前收藏在东京大学经济学图书馆、昭和馆（位于东京九段下）和防卫省防卫研究所里，现在可以通过亚洲历史资料中心的网页在线阅读。新井的报告认为，美国国内能够大量产出大部分矿产资源，而且美国还可以从其势力范围内进口这些资源，或者用其他资源对其进行替代，所以这些资源不会成为美国的弱点，但是水银、锡、锰、钨、钴、钾等"资源不足，可以明确地当作弱点"。[②]

1941 年 2 月 28 日，秋丸机关提出了"评估苏联经济抗战力的研究计划"，原定在 5 月之前完成研究任务。[③] 海军省起草的《关于陆军秋丸机关的文件》中显示，在 1940 年 6 月末，日本就已经确定了"苏联经济抗战力"的研究项目和负责人（直井武夫等），但该项目一直拖到 1941 年 2 月末才启动。该项目的成果《苏联经济力量调查》，作者署名为陆军省主计课别班，于 1942 年 5 月出版（现收藏于防卫省防卫研究所）。[④]

为何除日本组以外的其他组的研究进展如此迟缓？笔者不得而知。在"研究班直接向研究班成员委托工作"的方式下，主要成员被逮捕大概是研究延迟的原因之一。研究美国经济的专家小原敬士负责有关"资源力量"的研究，他由于与唯物论研究会事件（唯物论研究会的成员因涉嫌违反《治安维持法》被捕）有牵

---

① 脇村義太郎『二十一世紀を望んで—続 回想九十年』10—11 頁。
② JACAR Ref.C13120884500。
③ JACAR Ref.C15120604400。
④ 登録番号：文庫—若松史料—420。

扯，于 1940 年 11 月被捕。① 同样，负责研究苏联经济抗战力的直井武夫（当时接受了参谋本部的委托），因企划院事件于 1941 年 2 月 18 日被捕。大概因为直井是从事苏联研究的核心人物，他被捕后，关于苏联经济抗战力的研究工作只好从头再来。1941 年 4 月 8 日，负责食品资源调查的骨干人员八木泽善次，同样因企划院事件被捕。② 下文提到的这件事不知与秋丸机关有无直接联系。1938 年 2 月应邀从企划院去陆军省经理局工作的主计中尉井口东辅，于 1941 年 1 月 22 日解除了邀请关系后被捕。③

　　直井、八木泽等被捕是因为企划院事件，这个事件据说是在平沼骐一郎（1940 年 12 月至第二次近卫文麿内阁时期的内务大臣）的影响下发动的，④ 发动者认为新体制运动是"赤色"运动，要把相关人员排挤出去，平沼就是持这种右翼观点的幕后大佬。秋丸次朗在"满洲国"任职时，参与过满铁经济调查会的工作，还与改革派官僚们共同起草过经济政策。这些经历使他在邀请人才开展工作时，并不太在意邀请对象们的思想倾向。但是在当时的日本，已经不能无视意识形态的对立而开展研究了。

秋丸机关的"中期报告"

　　日本组以外的研究工作还处于延迟的状态时，1941 年 3 月，秋丸机关的报告《经研报告第一期（中期报告）　经济战争的根本意义》（以下简称"《经济战争的根本意义》"）出版了，这是关于"经济战是什么"等解释性理论的报告。1977 年，三轮公忠曾

---

① 岡田俊裕『日本地理学人物事典　近代編 2』原書房、2013 年、253 頁。『季報唯物論研究』編集部編『証言・唯物論研究会事件と天皇制』新泉社、1989 年、117 頁。
② 我妻栄編集代表『日本政治裁判史録　昭和・後』408 頁。
③ 我妻栄編集代表『日本政治裁判史録　昭和・後』406 頁。
④ 奥平康弘『治安維持法小史』岩波現代文庫、2006 年、262—269 頁。

介绍过这一报告，^①现在只能在特定的场所阅读其内容。^②

这一报告的底稿，叫作《经研报告第一期　经济战的本质（中期报告草案）》（1940 年 12 月出版，以下简称"《经济战的本质》"），它与《经济战争的根本意义》的内容几乎相同，目前收藏在国立公文书馆筑波分馆中。^③2011 年，该报告从独立行政法人经济产业研究所移交给国立公文书馆，属于工商政策史资料的一部分。该报告曾是美浓部洋次的私藏，美浓部曾与秋丸次朗一同参加过"满洲国"的土地制度调查会。美浓部是改革派官僚，这件事也展现了秋丸机关与改革派官僚之间的关系。在研究延迟的状态中，秋丸机关的确很有可能做出决定，把有关经济战的解释性理论以中期报告的形式出版。

《经济战的本质》的中心思想在于，"常识认为，在近代国家之间的总体战中，经济战应该发挥极其重要的作用。但是对于'经济战到底是指什么'这一问题，即便有识之士也没有明确的答案"，其原因是"对于弄清经济战的本质来说最为关键的是'战争与经济的关系'，对此我们理解得并不充分"。那么"战争与经济的关系"到底是什么呢?《经济战的本质》认为，就是"国防经济型的关系"。

　　所谓国防经济型的关系，就是从经济对于战争进程的影响这一角度出发，把握两者之间的关系。这就是德国在此次欧洲战争逼近之际，在吸取上次大战的教训的基础上

---

① 三輪公忠「対米決戦へのイメージ」加藤秀俊・亀井俊介編『日本とアメリカ—相手国のイメージ研究』日本学術振興会、1977 年所収、261—262 頁。

② 防衛省防衛研究所図書館収蔵有家永正明的『陸軍省経理局主計課別班・秋丸機関』私藏版，据荒川宪一讲述，这是 2008 年收藏的。家永正明的父亲家永正彦曾加入过秋丸机关，（家永正明）从他的遗物中发现了『経済戦争の本義』并用打字机打了出来。家永正彦曾接受陆军省经理局主计课委托的工作（JACAR Ref.C13071014300）。此外，在靖国偕行文库中也收藏有『経済戦争の本義』的复制版（收录编号 51769）。

③ 本书作者曾在以下文章中对该资料做过介绍。『経済戦の本質』（陸軍秋丸機関中間報告案）：資料解題と「要旨」全文『摂南経済研究』第 6 巻第 1・2 号、2016 年。

所确立的全新的立场。只有从这种立场出发，才能正确地领悟到经济战的本质，所以本项研究的重点亦放在这一立场上。

"国防经济型的关系"滋生于现实。近代战争需要耗费大量物资，因而经济"不单是提供军需品的基础，还是支撑战线的强大支柱，是屡次重建武力的广泛基石；同时作为国民生活的基础，承担着作为后方行动的枢纽的重任"。所以说"交战两国在经济上的对抗，当然是战争最重要的手段之一"。

如今，战场不仅属于军队，更属于整个交战国。全体国民都不同程度地、直接或间接地成为战争的对象。

而且，为了这场战争，人们用尽了人力所及的所有手段，这称得上是真正的国家总体战的战争状态。

总体战就是在不同国家的全体国民之间，用人力所及的所有战争手段展开的战争。在一个国家的战争能力即"潜在的战斗力"中，最为重要的就是经济力量。而且在这个"把目前的统制经济当作为国家服务、存在于国家之下的事物的时代"，"平时就必须把一国的国民经济当作国防力量来培育、发展、训练"。测算"国防经济力量"的强弱要遵循以下三个原则。

1. 一国国防经济力量的强弱由各组成部分中的最短板决定。

2. 在战争爆发之际，一国能迅速部署的经济力量越大，动员其他所需经济力量所花费的时间越短，其国防经济力量越强。

3. 在战争状态下，一国的国防经济力量的强弱，由该国作为战斗力的经济力量的变化曲线决定。

　　按照以上原则，为加强一国的国防经济力量，需要加强最短板部分，做好经济动员的准备和计划，培养、发展、节约经济力量。这种"国防经济"在战事发生后，即刻就变成了消耗性的经济，即"战争经济"。

　　将经济与战争联系起来思考就会明白，破坏敌国的战争经济就是削弱敌人的抵抗能力，所以当处于战争状态时，经济就成为敌人攻击的目标，这就是"经济战争"。克劳塞维茨（Clausewitz）的《战争论》认为，经济力量如果没有武力的加持，无法成为战斗力，"经济战实质上是从属于武装斗争的"。进行经济战有各种各样的方式，比如"经济封锁"（必须有军事手段的加持才能实现），此外还有一些包括非法的"经济谋略"在内的暴力性质的手段。谈到"经济谋略"这个词，不禁让人联想到命令秋丸次朗组建"经济谋略机构"的人——岩畔豪雄。上文写道，岩畔是中野学校的创办人之一，他直接参与过中野学校与陆军登户研究所第三科合作开展的"杉工作"（大量伪造并发行中国纸币"法币"，扰乱中国经济的阴谋），人送外号"阴谋岩畔"。

　　如果把破坏敌人的战争经济当作"狭义的经济战"，那么，从来自敌人的进攻到保卫本国的战争经济的行为，都可理解为"广义的经济战"。也就是说，为了破坏敌人的经济，一方面要最大限度地加强打击的力度，另一方面要努力保卫发展本国经济。

　　　　若处于长期的消耗战之下，应看准决定性的时机，统一协调两方面的政策。在持久战下，需要为维持战争经济创造条件，不能一味地强调集中政策。为维持战争经济创造条件，形成尽可能持久的战斗力，这是必须要做到的事情。

　　　　在战争经济的状态下，防御型的经济战要求保持好集中政策与发展政策之间的平衡。只有在切实地、透彻地了解了战争后，在政治和战争两种战略达成一致的综合计划之下，才有可能满足这个要求。

文中所说的"狭义的经济战",是指"能击垮敌人的战争经济,以及借此破坏敌人的军事机构的所有的军事、政治、思想及经济手段","广义的经济战"则被定义为"针对战争经济进行的拉锯战,以及为此所使用的一切军事、政治、思想及经济手段"。

可以将上文主要内容概括为,一国的"潜在战斗力",尤其是经济力量的大小,是由其"短板"、能立即动员起来的经济力量及动员所需的时间等因素决定的。更进一步说,是由"该国经济力量作为战斗力在战争时的变化曲线",即随着时间的流逝会发生何种变化(是经济继续发展下去呢,还是只剩下消耗?)来决定的。仅仅破坏敌人的经济是不够的,还需要维护发展本国经济。

基于以上考虑,日本领导层认为通过寻找各国的短板,计算各国能够迅速动员起来的经济力量和动员所需的时间,预估经济力量在开战后的变化等,就可以规划出日本是否与某国开战,是否与某国结为盟友等战略。其实《经济战的本质》原本是关于经济战争的一般性总结,日本应加入还是避开战争这个问题应另当别论,但考虑到下文会涉及《英美合作经济抗战力调查》《德国经济抗战力调查》的内容,还需读者将其内容暂记心头。

这本《经济战的本质》究竟是由谁执笔的呢?该书收录了一些内容与有泽广巳的《产业动员计划》(1934年出版)以及《战争与经济》(1937年出版)中的内容相同的文章,尤其是在第一章出现的《有泽广巳违反〈治安维持法〉被告事件辩护要旨》中,引用了有泽的笔记,记载如下。

现实告诉我们,任何学问其实都位于国家之下,社会生活也是在有了国家之后才有可能存在。若从这种观点出发,我认为一切学问都必须从头再来。在这种观点指引之下,结合正在做的工作,我写出了《经济战的本质》这份报告。如果将统制经济放在这种逻辑下思考,就可以明确把握住其本质。人们认为现在的统制经济是与战时经济紧密相连的,然而统制经济并不仅限于战时经济。它还是今后的新经济体制。我确信这一点，我决心今后要在这种逻辑之下专注地做好统制经济。[1]

据此，至少可以判断这本《经济战的本质》是有泽广已执笔的。

秋丸次朗以委培生的身份在东京帝国大学经济学部学习期间写的论文[2]，其参考文献部分就列有《经济战的本质》。此外，署名为秋丸次朗的文章——《总体战情况下的经济战的本质》，刊登在《陆军主计团纪事》1943 年第 2 期上，以上两篇文章的内容基本相同。下文将介绍，秋丸在 1942 年 12 月出征菲律宾，刊登出来的这篇文章其实带有某种"遗书"的性质。[3]基于这些事实，应该可以说《经济战的本质》以及《经济战争的根本意义》是秋丸和有泽共同思考、由有泽执笔完成的成果。

中期报告就"'战争经济'是什么"做了一般性理论分析，尽管在时间上有些滞后，但秋丸机关毕竟推进了相关研究。在这些研究基础上，秋丸机关最终提交了什么内容的报告呢？报告被接受了吗？

---

① 鈴木義男『有澤廣巳治安維持法違反被告事件弁護要旨』364 頁。
② 三輪公忠「対米決戦へのイメージ」261—262 頁。
③ 出自荒川宪一的讲述。

第四章 报告中写了什么？
##　　　　人们如何看待这份报告？

1941 年上半年的国际形势

在分析秋丸机关的报告之前，需要先考察 1941 年上半年的国际形势。一方面，前一年（1940）的 7—10 月，英德在英国上空进行了激烈空战。英国构筑了雷达网，依靠牢固的防空系统击退了德国空军的进攻，德国登陆英国作战的计划其实不可能实现了。另一方面，1941 年 2 月，隆美尔指挥德国非洲军团赴利比亚，三四月向苏伊士运河地区进发，五六月与英军展开了激烈的拉锯战。德国还从 4 月开始进攻南斯拉夫和希腊，6 月 1 日占领了希腊的克里特岛。对于这些发生在欧洲的英德之间的拉锯战事，日本皆热烈地追踪报道。

德意日在前一年（1940）结成了三国军事同盟，日本派兵进驻法属印度支那北部，致使日本与美英的关系恶化，日本很难买到碎钢等重要物资。于是，日本与被德军占领的荷属东印度（现在的印度尼西亚）交涉（第二次日荷会商），希望购买石油、橡胶、锡等重要资源，但是荷属东印度期望获得英美支持，故采取抵制日本的态度，事实上在 6 月 17 日就停止了与日本的交涉。由于难以获得重要资源，南进论在日本国内甚嚣尘上。南进论者强烈主张，为了获取资源，应将荷属东印度和英殖民地据为己有。1941年 4 月 13 日签订《日苏中立条约》后，长期以来被日本陆军设定为假想敌的苏联，与日本的外交关系暂时进入一种稳定状态。

1940 年 12 月开始，美国的两位天主教神父与日本的产业组合中央金库理事井川忠雄一起，围绕日美两国关系展开多方协调。下令组建秋丸机关的军事课课长岩畔豪雄和军务局局长武藤章也热心推进此事。1941 年 2 月 5 日，岩畔豪雄成为陆军省军务局的工作人员，不久收到赴美国出差的命令。3 月 6 日，岩畔以日本驻美大使馆武官补佐的身份（当时还没有收到正式的训令）赴美，[①] 主计大佐新庄健吉与其一同前往。新庄曾与秋丸次朗一起，以陆军省委培生的身份在东京帝国大学经济学部学习过。驻美大使野村吉三郎和井川、岩畔于 4 月共同整理了"日美谅解案"，将该方案寄回日本，武藤局长等陆军人士对此方案持赞成态度。但是签订《日苏中立条约》后回国的外务大臣松冈洋右因完全没有被告知这些动向，反对这个方案。

报告文本的完成时间

在这一大背景下，秋丸机关完成了报告文本，并且向陆军的领导层做了报告，但具体是在什么时间，并不清楚。根据有泽的回忆，秋丸机关在"9 月下旬"完成了报告文本，在"9 月末"举办了报告会。[②] 而据秋丸回忆，"虽继续走在荆棘之路上，但在 1941 年 7 月完成了基础调查工作，并面向省部（陆军省和陆军参谋本部）的领导层举办了报告会"。[③] 第二章和第三章写道，随着新体制运动的推进，出现过一些干扰因素，接受委托开展研究的学者纷纷被捕，所以秋丸说自己"走在荆棘之路上"，这种感触并不假。据秋丸回忆，在报告会上，陆军主计少尉武村忠雄负责介绍对德意两国的抗战力的评估，然后由秋丸代替"暗处的人"有泽，介绍对英美综合战力的评估（也就是说，这是在陆军内部

---

① 防衛庁防衛研修所戦史室『戦史叢書　大本営陸軍部大東亜戦争開戦経緯〈3〉』朝雲新聞社、1973 年、484—486 頁。
② 有沢広巳『学問と思想と人間と』164 頁。
③ 秋丸次朗「大東亜戦争秘話　開戦前後の体験記—秋丸機関の顛末を中心に」13 頁。

召开的报告会，除武村以外，没有其他经济学家参加）。

该报告文本在很长一段时间内未被发现，所以对于完成文本之后向陆军的领导层做报告的日期，很难判断有泽和秋丸谁的说法准确。[①]1991 年发现的报告《英美合作经济抗战力调查（其一）》上没有标注完成时间，但是该报告把由同盟通信社出版的国际信息刊物《国际经济周报》（7 月 5 日发行）列为参考文献，笔者据此断定完成报告文本的时间是在 7 月上旬之后。[②]

近年发现的秋丸机关的报告《英美合作经济抗战力调查（其二）》以及《德国经济抗战力调查》的封面上，均标有"昭和十六年七月制作"的字样。据此可判断，报告文本的完成时间一定是 1941 年 7 月，这证明秋丸的记忆是准确的，所以报告会也应该是在 7 月举办的，最晚也应该是在 8 月初就举办了（下文将详述有关文本的情况）。

关于报告内容的记忆的差异

在有泽广巳和秋丸次朗二人的回忆描述中，对于向陆军领导层做报告的具体情形，存在些微的不同。当时的主计课课长远藤武胜，即秋丸的顶头上司，也留下了一些不同的说法。

首先，有泽是这样回忆的。

> 日本组的中期报告认为，日本的生产能力已无再增强的可能性。军事动员与劳动力之间的矛盾已经凸显。德国组的中期报告认为，德国的战争能力目前已达上限。

[①] 秋丸次朗的弟弟朝稻又次写的一篇文章（朝稻又次「日米開戦秘話　東条英機に諫言した秋丸機関と有沢広巳」『正論』1993 年 9 月号）中写道，秋丸机关面向陆军领导层的报告会是在 7 月 1 日召开的。秋丸次朗的儿子秋丸信夫直接向朝稻确认过此事，得出的结论是，这篇文章没有事实根据，就是小说（出自秋丸信夫的谈话）。

[②] 斉藤伸義「アジア太平洋戦争開戦決定過程における「戦争終末」構想に与えた秋丸機関の影響」『史苑』第 60 巻第 1 号、1999 年、175 頁。

    我们英美组的临时报告于 9 月下旬完成了。日本的国民消费将下降约 50%，但是美国将只下降 15%~20%，美国除了向当时的同盟国方面提供物资补给外，还可以筹措约 350 亿美元的实际战争经费，这相当于日本的 7.5 倍，而且美国的战争经济结构也没有什么值得一提的缺陷。英美间的运输方面，尽管有的商船被德国潜水艇击沉，但美国的造船能力强大，新造船极有可能远超被击沉的船舶数量。报告文本中还用数字、图表等形式将以上内容表示出来，秋丸中佐听了我们的讲解后，高兴地说我们干得很不错。[1]

其次，秋丸的回忆是这样的。

    讲解主要围绕经济战斗力的比较分析展开，研究结论是：假设日本与英美开战，双方的力量对比是 1:20，在开战后的两年内，日本依靠战力储备尚可支撑战争，但在那之后经济战斗力会不断下降，而对方则开始上升，战斗力的差距拉大，日本将无力承受持久战。[2]

一方面，有泽的回忆强调了美国国力的强大，他认为"英美间的运输方面，尽管有的商船被德国潜水艇击沉，但美国的造船能力强大，新造船极有可能远超被击沉的船舶数量"。他认为，从美国强大的造船能力考虑，英美两国间的运输不会成为一个问题。而另一方面，秋丸回忆中的结论则是，英美与日本之间综合性的力量差距是一个问题，日本对于短期的（两年）战争尚能应对，但难以进行持久战。有泽也好秋丸也好，都记得当时指出了日本与英美之间巨大的国力差距。

最后，远藤武胜在 1982 年的回忆录中是这样写的。

---

① 有沢広巳『学問と思想と人間と』163—164 頁。
② 秋丸次朗「大東亜戦争秘話　開戦前後の体験記—秋丸機関の顚末を中心に」13 頁。

在陆军省经理局内专门成立主计课别班的目的，就是要以战争为核心，先把自身的经济力量当作战争力量进行测算，然后再研究敌方的经济力量。1935 年刚过了没几天，工作就被委托给著名学者或者专家去做了。

这项研究具有两个特点。

1. 这项研究并不是在"尊重并接受科学的、合理的研究成果，以便重新研究战争指导理念"的指导思想下开展的。战争的决策由其他部门进行，这项研究被认为是仅解决战术性问题的工作，讨论的内容集中在执行决策的过程中需要注意哪些问题上。

2. 承担研究工作的各位学者，为了迎合这种趋势，在总结性的报告中提出了这样的观点：英美即便拥有强大的经济力量，"也不是没有被击溃的可能"。（主计课别班）作为军方的机构，或许是有局限性的，但是就我个人来讲，是无法断然下此结论的，这个记忆一直保留着。[1]

"1935 年刚过了没几天"的说法，应该是远藤记错了。但是他指出，秋丸机关的研究成果只被用于解决推进战争过程中的战术问题，参加的学者也在"迎合这种趋势"，并且还在报告中说英美即便拥有强大的经济力量，"也不是没有被击溃的可能"。

日本与英美在经济力量上存在巨大差距这一情况，已在报告中被明确指出，关于这一点，有泽、秋丸和远藤都在回忆中确认了。但远藤所说的"英美即便拥有强大的经济力量，'也不是没有被击溃的可能'"这个观点，到底是指什么？根据后来发现的秋丸机关的报告文本推断，指的就是有泽所说的"英美间的运输方面"的问题。

---

[1] 遠藤武勝「一経理官の回想」若松会編・発行『陸軍経理部よもやま話』1982 年所収、序に代えて（5）頁。

报告文本的"发现"

此前，笔者多次提到秋丸机关的报告文本，即《英美合作经济抗战力调查（其一）》、《英美合作经济抗战力调查（其二）》和《德国经济抗战力调查》。1942 年 3 月，以陆军省主计课别班的名义出版的《抗战力判断资料第五号（其一）第一编 从物质资源力量观察美国的抗战力》的"凡例"中写道："以本项调查为基础的对美国经济抗战力的综合判断，是本班已经出版的《英美合作经济抗战力调查》（两部）以及《英美合作经济抗战力战略点解析表》中写明的内容。"[1] 此外，1942 年 2 月出版的《抗战力判断资料第三号（其四）第四编 从生产部门观察德国的抗战力》[2] 的序文中写道："本报告是本班之前推出的《德国经济抗战力调查》的基础资料的第四编。"依此看来，由两部分组成的《英美合作经济抗战力调查》和《英美合作经济抗战力战略点解析表》，以及《德国经济抗战力调查》这三种成果已经出版。这说明在 1942 年那一年，那些"已经出版的"和"本班之前推出的"成果，既没有被回收也没有被烧毁，但是这些报告文本确实在很长一段时间内未被发现。笔者在此回顾一下报告文本被发现的过程。

首先，《英美合作经济抗战力调查（其一）》是从有泽广已长期保存的资料中找到的。有泽的大部分藏书在 1987 年捐赠给了中国社会科学院日本研究所。晚年的有泽曾以魏玛共和国时期的德国作为研究对象，知晓此事的胁村义太郎向他建议："先生，您正在向中国捐赠藏书，但是目前您手边还留有关于魏玛共和国的书籍资料，这些资料在日本的其他地方也找不到，尤其是东京帝国大学经济学部在战争期间很少购书，这些资料太珍贵了，可否在您用毕后赠给东京大学，就不向中国捐赠了？"此后，二人就按胁村的建议做了约定。1988 年，有泽去世后，胁村向有泽夫人

---

[1] JACAR Ref.C13120882700。
[2] 收藏在东京大学经济学图书馆等处。

请求，希望将有关魏玛共和国研究的笔记和其他资料先行转往东京大学经济学部，获得了夫人的同意。但是有泽夫人在第二年1月就去世了，在与其家属商量后，有泽留下的大部分书籍和资料转入了东京大学经济学部。①学部资料室在重新整理"有泽资料"时，在一小部分保存下来的战争时期的资料中，发现了《英美合作经济抗战力调查（其一）》。该书的封面上只写有"英美合作经济抗战力调查（其一）"的标题，里面还有用贴纸修改文字的痕迹，可以推测是匆忙之中写就的。

2014年7月，笔者从东京都旧书商业协同组合经营的旧书数据库"日本的旧书店"②中，检索到了与上一本书组成一对的《英美合作经济抗战力调查（其二）》，发现它正在东京的书店出售，笔者就按照这条线索购买了该书。③2015年2月，笔者将该书捐赠给了东京大学经济学部资料室。发现《英美合作经济抗战力调查（其二）》一事，在同年3月的《中日新闻》、④《东京新闻》、《西日本新闻》上有报道，报道中对该书做了介绍（可查阅东京新闻社、中日新闻社经济部所编的《人们的战后经济秘史》，该书于2016年由岩波书店出版）。但是，余下的《英美合作经济抗战力战略点解析表》至今仍被未发现。

《德国经济抗战力调查》的发现早于《英美合作经济抗战力调查（其二）》，2013年2月，笔者利用日本的大学图书馆书目检索系统找到了该书的下落，它被收藏在静冈大学附属图书馆中，笔者阅读了该书并做了调查。⑤

如前所述，《英美合作经济抗战力调查（其二）》和《德国经

① 脇村義太郎「学者と戦争」『日本学士院紀要』第52卷第3号、1998年、150—152頁。
② http://www.kosho.or.jp/servlet/top
③ 参见牧野邦昭『英米合作経済抗戦力調査（其二）』（陸軍秋丸機関報告書）—資料解題』『摂南経済研究』第5卷第1・2号、2015年。
④ 1965年日文报纸《中部日本新闻》改名为《中日新闻》。——译者
⑤ 牧野邦昭「陸軍秋丸機関の活動とその評価」『季報唯物論研究』第123号、2013年。同『独逸経済抗戦力調査』（陸軍秋丸機関報告書）—資料解題と「判決」全文』『経済学史研究』第56卷第1号、2014年。

济抗战力调查》都是笔者通过网络检索到的，也是出于这个缘故，本部分的标题才把"发现"这个词用引号标注。

目前《英美合作经济抗战力调查（其一）》《英美合作经济抗战力调查（其二）》都做了数字化处理，通过东京大学的联机公共目录查询系统（OPAC）可以进行在线阅读。[1]前者还收录在胁村义太郎在日本学士院所做报告"学者与战争"的记录中，除去图片以外的文字部分都保留着。通过由国立研究开发法人科学技术振兴机构经营的日本科学技术信息集成系统（J-STAGE），也可以在线阅读这些资料。[2]笔者已将《德国经济抗战力调查》中的"判断"部分的内容摘录出来，在经济史学会的官网可以进行在线阅读。[3]

《英美合作经济抗战力调查》的内容

《英美合作经济抗战力调查》中具体有什么内容呢？（本章下文将《英美合作经济抗战力调查（其一）》《英美合作经济抗战力调查（其二）》分别简称为"《英美一》""《英美二》"，两者合起来表述时则简称为"《英美》"。）

首先，为什么分成《英美一》《英美二》两部分？《英美一》的"绪论 经济抗战力的测算方法"中有如下表述。

大凡要对经济抗战力下判断，都需要有两个要素作为基础。第一是对经济抗战诸要素的构成与其规模大小的测算（抗战力的量），第二是对经济抗战诸要素中，各要素孰强孰弱的权重判断（抗战力的质）。本报告只就以上第一点进行了测算，关于以上第二点的测算将另行成册报告。

---

① http://ut-elib.sakura.ne.jp/digitalarchive_02/rare/5512339978.pdf，以及 http://ut-elib.sakura.ne.jp/digitalarchive_02/rare/5513690858.pdf。

② https://www.jstage.jst.go.jp/article/tja1948/52/3/52_3_129/_pdf.

③ http://jshet.net/docs/journal/56/561makino.pdf.

即《英美一》分析的是"抗战力的量"，《英美二》分析的是"抗战力的质"。《英美二》的"凡例"部分写道："第一期调查报告中，曾对英美合作状态下的经济抗战力大小做了测算，本期调查报告与此次测算密切相关，旨在确定其在结构上的短板，分析该短板的特性，阐明其综合性的意义，以解释经济抗战力的战略要点是什么。"综合起来看，《英美一》宏观分析了英美抗战力的规模大小，《英美二》宏观分析了英美经济结构，意在寻找英美的弱点。当然，这可能是为研究方法不统一找的"借口"，总之这种分析体现在秋丸机关的《经济战的本质》中。该报告认为在对国防经济力量开展测算时，"一国国防经济力量的强弱由各组成部分中的最短板决定"，这种观念是与上文相呼应的。

《英美一》的开篇即为"判断"（主旨），但总结性的内容其实被放在正文的结尾处。由于位于第五章的"第二节 结论"部分最易懂，笔者从这里开始介绍。

根据以上所论，我们对英美合作经济抗战力做出如下判断。

1. 英美若合作，美国具备的供给余力可以补充英国的供给不足之处，英美将拥有可支持与预期规模相近的战争的经济抗战力。

2. 英美合作将有余力向第三国提供14亿多英镑的军需物资的支持。

3. 但若要发挥出上述最大供给能力，在开战后需要一年到一年半的时间。

4. 若平均每月有50万总吨以上的英国船舶被击沉，那么美国对英国的援助将失效。但英美合作的造船能力，估计在1943年将不少于年产600万总吨。

第1条和第2条说明，英国即使处于供给不足的状态，只要与美国联手，就将拥有充分的经济抗战力，而且还能向第三国提供大量的军需物资，英美联手的经济力量的巨大程度已经非常明显。虽然没有与日本的经济力量做比较，但是秋丸机关的日本组，以及同为陆军省机构的战备课对于国力的评估，还有企划院的《应急物资保障计划试行方案》等都已经完成了，所以只要知道这些结论——或者说就算不知道——也完全能明白对英美开战是非理性的。上文已述，秋丸次朗记得自己在报告会上介绍了"假设日本与英美开战，双方的力量对比是1:20"，但这也许只是一种为了让人容易理解美国经济力量的强大的口头表达方式（在各种经济指标中，到底运用了哪些指标得出了1:20的判断，目前不明。但是以钢铁产量为基础进行的日美经济力量的对比，也经常用于秋丸机关的研究工作以外）。

但是第3条认为"若要发挥出上述最大供给能力，在开战后需要一年到一年半的时间"。《经济战的本质》认为"在战争爆发之际，一国能迅速部署的经济力量越大，动员其他所需经济力量所花费的时间越短，其国防经济力量越强。"而美国要把最强大的经济力量发挥出来，需要一年到一年半的时间，所以这种动员所需的时长被特意指出，作为美国国防经济力量上的一个"短板"。

第4条认为，若英国船舶平均每月被击沉50万总吨以上，美国对英国的援助就会失效（表示可以破坏英国的经济抗战力）。英美的造船能力在1943年（即开战后一年至一年半时）将不少于年产600万总吨，均分在12个月里，即每月50万总吨，如果每月被击沉船舶超过这个数量，那么船舶总量会逐渐减少，美国对英国的援助物资将无法送达。也就是说，英美合在一起确实能形成巨大的经济力量，但是仅就英国一国来说，从数据上推算，还有将其降服的可能性。以上内容就是该报告的中心思想，简而言之就是，切断对英国的补给才能"有效"。

《英美一》起始部分的"判断"，一方面指出了美国巨大的生产能力，另一方面又指出英国"对于军需品的海上运输能力"铸成了"致命的战略短板"。"判断"认为：假设后期德意对英船舶的打击奏效，使英国损失船舶的速度超过英美的造船速度，英国无法维持所需的最低限度的海上运输能力，那么英国的"抗战力必然急转直下"。

而且"判断"还提出了以下建议。在对英战略中，攻打本土并一举打败英国是一种正面攻击方法，但是抓住其弱点，采用快速消耗其人力和物力资源的办法，在进一步"依靠空袭破坏其生产力""依靠潜水艇阻断海上交通"的同时，进行全面的消耗战，将战线推进到为英国提供抗战力的外围属地、殖民地等，切断其补给，摧毁英国的战争经济，也是一种"极为有效"的办法。

"判断"还建议迅速促使美国对德开战，消耗美国的经济力量，"不给其强化军备的时间"，同时利用自由主义体制的脆弱性，"搅乱其内部、降低其生产能力、制造反战氛围"，离间其与英、苏、南美各国（"判断"部分第2页）。但在对美战略中关于"如何做"却一个字的具体方案都没有写，坦白说，这段话只是写了个"作文"而已。

以上结论是从《英美一》的宏观分析中得出来的，而展开微观分析的《英美二》中写了什么具体内容呢？《英美二》的"提要"部分只写了一行字，即"在附册《英美圈经济抗战力的战略要点一览表》中"。这可以理解为，附册与《英美合作经济抗战力战略点解析表》的内容相同。该报告先对英美两国分别做了分析，然后将两国综合起来分析。在内容方面，该报告首先分析了对外关系和地理条件；然后将"潜势力"（潜在国家实力）中的"供给力"，细分为人口（基本要素）、在英美两国及其势力范围内各种资源的产量、运输能力（时间要素）、进口能力、经济结构和战争准备等条目，并就以上条目进行分析；再将"稳定力"细分为生活资料自给能力、军费负担能力、消费控制（限制消费的空间）等条目进行分析。

该报告在"目录"的起始部分写有"关于英美圈经济抗战力

的结构性短板的讨论",意在强调对被当作短板的内容进行了调查。但在正文里则写有"美国在电力方面拥有足够的自给能力,所以在生产给英国的援助物资方面没有短板"(第49页)、"英美如果合作,美国的过剩'石油'在补充英国的不足后,尚有余量"(第54—55页)、"英美如果合作,大部分的冶金工业都将拥有自给能力"(第104页)等内容。在单独讨论英国的情况时能称得上短板的部分,一旦与美国综合起来考虑,大多数也就不是短板了。

该报告专门指出,由于英国是一个岛国,地理条件决定了其若能维持海运能力,就能保障其粮食和工业原料的供给。对英国来说,这既是优势也是短板。

> 钢铁、碎金属、铁矿石、铝土矿等物资需要由欧洲供给,这是英国在欧洲战争中的一个短板。其他的工业原料及粮食,需要从遥远的地方运来,这也是一个短板(第21页)。
>
> 要保持英国本土的抗战力,必须保持运输畅通。英国的生命线是三条运输路线,一是大西洋路线,二是地中海路线,三是新加坡、澳大利亚路线。其中的地中海路线已经由绕行南非的路线替代了,新加坡、澳大利亚路线则因日本在南方的行动,暴露在危险之下(第23页)。

此外,对美国海运的分析结果认为,"美国海运的短板"除了"商船队的老化"(在超过100总吨的船舶中,船龄在15年以上的占比高达84%)外,还有"商船队的速度较低""造船能力不足""商船船员能力低下"(第171—185页)。该报告断定,现在即使英美联手,其船舶运输能力依然不足。

> 1. 即便英美合作,船舶不足的问题依旧是其短板。现在大多数第三国的船舶不是被敌国夺走了,就是被严格管控着。虽然现在船舶不足的问题还不甚明显,但随着船舶损失量的

骤增，这个短板将凸显。要修补这项短板，只能依靠美国扩充造船力量。

　　2.船员不足的问题也是短板。船舶被攻击，必然伴随着船员的损失，时间越久，这项短板也会愈加明显（第205—206页）。

　　该报告从"抗战力的质"这一层面进行考察，将船舶的运输能力看作英美的短板。《英美一》的"结论""判断"提出，英美之间的船舶运输是其短板，针对这一观点，《英美二》进行了分析，并且支持这一说法。

　　关于秋丸机关对英美的分析，笔者在此先只介绍以上这些内容。至于这一分析正确与否，笔者将在第六章详细讨论。

《德国经济抗战力调查》更加重要

　　上文就《英美》的内容做了较长的介绍，这两份报告得出的结论是："英美之间的船舶运输是其短板"。为了利用这个短板，《英美一》的"判断"提出，应把战线推进到"为英国提供抗战力的外围属地、殖民地等"。即使日本向南方进发，夺取了英国在东南亚的殖民地，并且还向印度洋进发，切断了印度、澳大利亚和英国的联系，但美国是有余力支援第三国的经济力量强大的国家，美国有可能代替其他国家支援英国，为其提供数量庞大的军需物资，英国则因此不会屈服。只有在从美国出发的载有支援物资的船舶被大量击沉的情况下，英国才有可能屈服。从地理条件上考虑，这只能依靠德国和意大利对英美船舶的打击。

　　《英美》提出的问题是，德国和意大利在大西洋上能击沉多少英美的船舶。换言之，德国和意大利，尤其是德国经济抗战力的强弱，决定了英国是否会投降。所以说，秋丸机关的报告中，最重要的其实不是《英美》，而是《德国经济抗战力调查》。

那么，《德国经济抗战力调查》（本章以下简称"《德国》"）写了什么内容呢？德国组的负责人是武村忠雄，他的著作《战争经济学入门》（由庆应出版社 1943 年 1 月出版）中收录了与《德国》的部分内容相似的文章，《德国》的分析方法和观点与同一时期武村的论文相同，若推断他是《德国》的执笔人，应是可信的。《德国》的内容分为三大部分，"判断"提出了结论，"绪论"讨论了"经济抗战力的测算方法"，"本论"详述了"判断"的内容。《德国》的分析方法比《英美一》简单，就是根据能获得的劳动力、资源和组织力量的数据计算出生产能力，将其与过去进口和生产出来的储备相加，得出目前的经济抗战力。简单地说，就是在将资源的消费量，与生产出来的、从占领区获得的资源量进行比较后，预测出德国未来的经济抗战力。更简单地说，就是用产量、储备量与消费量相减后的差额预测经济抗战力的变化趋势。

《德国》的"判断一"在开篇部分即指出，德国现在（1941）已经达到了经济抗战力的上限，"以德苏开战前的国际形势为前提，德国的经济抗战力在同年（1941）已完全达到上限，从 1942 年开始会逐渐下行"（第 1 页）。纳粹政权建立时，有大量的失业人员和丰富的储备，企业的开工率低下，但"在纳粹统制经济的强大组织力量下"，德国利用闲置生产力迅速扩大了生产。可是在 1937—1938 年，德国达成了充分就业，生产力无法再增强。从 1939 年第二次世界大战爆发时，到德苏开战（1941 年 6 月）之前（也就是将要撰写该报告之时），德国的生产力已经无法补足被消耗的部分，需要依赖过去生产的库存军需品，库存部分到第二年（1942）将陷入枯竭，经济抗战力将会下降（第 1—4 页）。因此"判断二"做出了如下重要结论。

为了承受对英美的长期作战，德国今后绝对需要利用苏联的生产能力。德国军方要么按照既定计划，在两个月内迅速结束对苏战争，然后直接利用苏联的生产能力；要么将陷

入持久战中。所以说，决定这次大战命运的是能否在短期内
（两三个月后）利用上苏联的生产能力。

关于"判断理由"，解释如下。德国的劳动力利用已达到上
限，并且苦于粮食短缺，如此下去会招致占领区的严重不满（法
国的粮食自给率只有六成）。因此德国急需苏联的劳动力和乌克
兰的农产品。德苏开战在即之时，德国就曾要求乌克兰提供大量
的小麦。还有石油短缺的问题，德国在战时需要的石油量为每年
1800 万吨。除了使用人造石油外，德国还从罗马尼亚每年补充
300 万吨，但仍有 1200 万吨左右的缺口。苏联拥有的巴库油田的
年产量为 2300 万吨，它是德国志在必得的目标。德国所短缺的
石油以外的自然资源（如锰等），苏联境内都有，如果德国能够
占有这些，那么还有机会加强其抗战力。否则，德国抗战力将在
1942 年不断下降。"基于以上理由，德国要想加强在 1942 年有可
能下降的经济抗战力，绝对需要利用苏联的生产能力。"以下内
容，才是报告的真实意图所在。

> 为了达到利用苏联生产能力的目的，德国决定与苏联开
> 战。但万一陷入持久战，德国的经济抗战力只会不断被消耗。
> 其原本就被预计为将在 1942 年处于下降趋势，如此一来更
> 将加速下降，导致德国完全不可能对英美进行持久战，德国
> 建设世界新秩序的希望渺茫（第 7 页）。

"判断三"认为"即使德国能成功地利用上苏联的生产能力，
也并不表示能实现自给自足，还需要掌控非洲南部以及重启与东
亚的贸易"。德国从苏联获得的供给，并不能满足其对锰和石棉
的需求，此外还需要从非洲南部获得铜和铬等。

《德国》对德国经济力量的上限状态展开了冷静的分析，如
果只阅读这些内容，会感觉其比《英美》更具悲观色彩。《德国》

的结论部分，就日本应该走向何方提出了具体建议。报告认为，东亚能向德国提供其需要的钨、锡、橡胶和植物油等，为了恢复欧洲和东亚的贸易，德国必须保住苏伊士运河，日本则必须占领新加坡，重新建立与印度洋之间的联系（第8页）。

　　我国若加入德苏战争，苏联将迅速加强与英美的合作，后果就是我国完全陷入包围之中。要想打破这个包围圈，首先要向南突进。理由如下。

　　1.我国经济抗战力的现状决定了应该避免南北两面同时作战。

　　2.应避免北方的消耗战，应在南方推进生产战争、资源战争。

　　3.应依靠在南方开展的资源战，进行短期建设，休养壮大经济抗战力，据此培育建设高度国防国家的经济基础。

　　4.若实力得以休养壮大，则可靠自身力量解决北方问题。

　　5.若在南方实现了对资源的掌控，不仅可以对付反轴心国的国家，在轴心国面前也可以顺利地推行我国的世界政策。

　　也就是说，为了实现日本支援德国（还为了向盟友德国表明立场）的目的，为了突破因德苏开战变得更加牢固的同盟国方面的包围圈，该报告建议日本不要与德国一起向苏联开战（北进打消耗战），而应南进（推进生产战争、资源战争）获取资源。秋丸机关的《德国》与《英美》相比，提出了更加具体的日本应该采取的方针。

　　如果德国实现了利用苏联的生产能力（这需要德国依靠技术提升生产力，不然连维持苏联人的生计都很困难）的目标，并且掌控了非洲南部、保障了对东亚的贸易，德国的经济抗战力就能经得起对英美的持久战。如果以上条件得以满

足，数年后在欧洲的占领区内的生产力也可以恢复，还可以作为德国的经济抗战力被加以利用。（第9页）

以这种观点为基础，报告还附有"德国经济抗战力动态图"，该图描绘了德国经济抗战力从1944年开始逐渐恢复的变化情况。反过来说，需要满足诸多条件——短期内战胜苏联以及利用其资源，并且必须掌控非洲南部地区——若无法满足这些条件，德国的经济抗战力则难以承受"对英美的持久战"。总之，就是在委婉地说，"靠今后德国的经济抗战力去承受对英美的持久战，前途渺茫"。

《德国》的执笔人武村忠雄的观点，可以从当时的代表性综合杂志《改造》1941年8月的时局版中找到。他在7月19日举办的一个座谈会上发过言，该座谈会的主题是"打破美国包围世界的政策"。他认为，即使假定德苏战争的结果是德国获胜，"德国也很难按计划轻易地在短期内利用苏联的生产能力"，"德国不仅要应对游击战，在运输能力上也存在不足。此外若只靠苏联的物资，也不能完全实现经济力量的自给。橡胶、锡、钨、铬、铜等其他物资还不能实现自给。这次大战中，虽然德国靠打包围战取得过成功，但其自身的消耗也非常严重。在德国受到严重消耗时，美国不会袖手旁观。如此，消耗战将持续下去。将来必定会出现这种情况"。[1]武村作为陆军主计少尉写就的《德国》——该报告是陆军的"极秘"文件——认为德国在恢复经济抗战力方面，还存在较小的可能性。但同一时期，武村以庆应义塾大学教授的身份参加该座谈会时，否定了该报告提出的观点。下文将会提到武村以秋丸机关的研究为基础提出的观点和展开的分析，它们被大量刊登在当时的综合杂志上，武村在海军系统的相关会议上也做了发言，在其文章与发言中有很多这种"危险"的内容。

---

[1]　座談会「アメリカの世界包囲策を衝く」（参加座談会的人员有安达鹤太郎、饭田清三、伊藤七司、小寺严、武村忠雄、船田中、丸山政男）『改造』1941年8月時局版、204頁。

针对意大利的研究成果不是以"报告"而是以资料的形式推出的，陆军省主计课别班于 1941 年 12 月刊发了《意大利经济抗战力调查》。[1] 该资料"凡例"部分表明，其获得过外务省调查部第二课的协助。该资料认为，"意大利自 1940 年 6 月进入战争状态后，持续面临巨大的战争消耗，在面临这种巨额战争消耗的同时，极难扩大生产，不得不说，随着战争消耗的持续，资源匮乏的意大利的国民生产将会下滑"（第 248 页），也就是说意大利的抗战力已达上限，今后走下坡路的可能性很大。

这些报告想要传达什么信息？

上文已介绍《英美》《德国》（以及《意大利经济抗战力调查》）的内容，秋丸机关通过这些报告文件，到底提出了什么意见？这一点其实并不明确。

《英美》及对德意的经济抗战力情况的分析，清楚地阐释了能令英国屈服的是什么。《德国》明确地提出了观点，指出了德国经济抗战力将达上限的问题。如果把这些内容综合起来看，暂且不讨论美国问题，只凭无法令英国屈服这一个理由，就足以明白此后若与英美开战，日本必定无法获胜。但是《英美》《德国》从理论上进行了分析后认为：一方面，美国的经济动员需要时间；另一方面，如果德国在短期内将苏联打败，经济抗战力得以增强，再加上美英之间的运输船舶被大量击沉，就有可能赶在美国完成经济动员之前令英国屈服。

一方面明确指出"如果陷入持久战，美国的经济动员将令日本、德国失去取胜的机会"，另一方面又说"德苏战争若在短期内结束，就至少有可能打败英国"。从上文提到的武村在座谈会上的发言来看，后一种说法与秋丸机关成员的真实观点相去甚远。

---

[1] 国立国会図書館デジタルコレクション（書誌 ID 000000971101）。

总之，在某种意义上，秋丸机关的报告是"怎么说都解释得通"。

一方面，长期以来人们普遍认为，根据有泽、秋丸等对于报告会的描述，秋丸机关想要强调的是，日本与美国之间存在巨大的国力差距，对美国开战是莽撞的（对于决心对美开战的陆军领导层来说，这是不讨喜的观点，所以报告文本被烧毁了）。从这种"普遍观点"出发，即使《英美一》后来被发现了，人们也只是强调其"判断"指出了英美尤其是美国的经济抗战力的强大。

另一方面，齐藤伸义在 1999 年提出了异议。[①]他认为，《英美一》的"判断"建议，"英美间的船舶运输能力是其短板，所以应切断英国与其殖民地之间的联系，还应与德国合作，攻击运输船舶"，这个观点对于《关于促进结束对美英荷蒋战争的草案》有影响。1941 年 11 月 15 日，《关于促进结束对美英荷蒋战争的草案》在大本营政府联络会议上获得通过。齐藤的观点是，秋丸机关按照创建之初的定位，作为"经济谋略机构"充分发挥了作用，在日本与英美开战这一问题上，秋丸机关发现了对方短板并提出了应对战略方案，而且对国策产生了影响。最近，这种观点又以"陆军经过研究，确立了能够获胜的战略，太平洋战争本是可以取胜的战争"的形式，极为牵强地出现了。[②]

曾有一段时间，笔者认为，若在普遍观点和齐藤提出的异议（以下简称"异议"）之间选择的话，异议大体上是正确的，但是后来笔者改变了看法。笔者也并不认为普遍观点是对的，对这两种观点，笔者都不支持。原因在于，普遍观点和异议虽然在结论上完全相反，一种认为"为了不使其传播到外部，必须烧毁这个不恰当的报告"，另一种认为"报告为太平洋战争提供了战略方案，是经过精心准备和发挥了巨大作用的"，但这两种观点的前提是一致的。它们都是以"秋丸机关的报告文本中的内容，是当

---

① 斉藤伸義「アジア太平洋戦争開戦決定過程における「戦争終末」構想に与えた秋丸機関の影響」。

② 林千勝『日米開戦　陸軍の勝算—「秋丸機関」の最終報告書』祥伝社新書、2015 年。

时一流的经济学家分析研究得出的成果，并未被普通人知晓"为前提的。真相是这样的吗？

秋丸机关的报告的内容不是秘密

第二章曾提到于 1941 年 1 月出版的《陆军主计团纪事》。书中收录有秋丸次朗写的《欧洲战争与世界经济的新动向》，文章大意如下。

英德战争时，德国没有保住制空权，又因英国海军处于优势，德国也没有获得制海权，所以想要登陆英国本土作战极其困难。因此，"德国暂时放弃了艰苦且牺牲巨大的登陆作战方案，转而决定进行持久战，实施经济封锁方案"。那么，德国实施经济封锁是否有胜算呢？"根据德军最高司令部的说法，同年（1940）5 月以来，十周内被击沉的英国船舶达 200 万总吨，即平均每天约 28000 总吨。若以此数据为基准，今后继续保持这种打击强度，每月至少击沉 60 万总吨的话，那么对英国的经济封锁完全可以成功。"当然，英国拥有大量商船，而且还在新造船舶，但"随着大量船舶的损失，不难想象物资将无法进入英国，英国将陷入经济困境"。[①]

英国与德国之间的战争，在进入持久经济战的阶段后，胜败取决于经济的持久力。一方面，德国在战前储备了大量粮食，再加上战争开始后迅速扩展占领区，攫取当地资源，并从苏联获得了粮食与石油，其经济抗战力得以强化（德苏战争爆发的半年前，也许是由于德国组的研究工作还没有推进，秋丸对德国经济抗战力持非常乐观的态度）。另一方面，该文认为"英国的经济力量则完全相反，一片秋风萧瑟之感"。英国极度缺乏粮食，"与德国相反，英国此后受逆封锁政策[②]影响，将逐渐陷入严重饥荒，

---

① 秋丸次朗「欧州戦争と世界経済の新動向」18 - 19 頁。
② 德国针对英国海军的经济封锁实行的封锁政策。——译者

5500 万国民将不得不决定放弃战争"。[1]

1939 年 9 月，第二次世界大战爆发后的一年内，英国损失的商船达 311 万总吨，两年内达 791 万总吨。损失数量约为开战时英国商船总量的 37%，相当于英国当时造船能力的近 10 倍。[2] 当时德国军方曾表示，依靠潜水艇（U 型潜水艇）击沉英国商船的作战方式定能使英国屈服。在日本国内还有这样的报道："德国海军击沉英国船舶的数量在最近四个月内达到平均每月 50 万总吨"，"这种击沉战术效果明显，估计英美的造船厂即使开足马力，也无法弥补目前的损失"。[3] 德国对英国船舶的打击最终会迫使英国屈服。这种看法在当时是常识性认识。

秋丸次朗写的这篇文章刊登在当时以陆军主计军官为主要读者群体的杂志上，普通人不易读到。武村忠雄在综合杂志《改造》1941 年 7 月的时局版（6 月 26 日付印，7 月 2 日发行）上，发表了题为《德苏开战与日美关系》的评论文章，进行了如下分析。

德国为什么会对苏联开战？第一，德国从克里特岛的登陆作战中获得的经验使其认为对于登陆英国本土进行作战的"难易程度有了明确把握"。德国虽然认识到登陆英国存在困难，但因美国的参战近在眼前，其自然会得出"不可避免地会陷入持久战"的结论，于是这就成了"为了应对持久战而做的万全准备"。"陷入持久战后，德国最担忧的是粮食和石油问题"。在德国的占领区内，法国"目前的粮食自给率仅为六成"，西班牙等国的粮食问题也愈发严峻，"因此要想经得起持久战，德国首先应从解决整个欧洲的粮食问题入手，德国只得要求苏联提供更多的乌克兰小麦"。"至于石油，假设德国的战时需求量是每年 1800 万吨，其中人造石油为 300 万吨，从罗马尼亚补充的量为 300 万吨，余

---

① 秋丸次朗「欧州戦争と世界経済の新動向」20 頁。

② 大内建二『戦時標準船入門—戦争中に急造された勝利のための量産船』光人社 NF 文庫、2010 年、269 頁。

③ オットオ・フィリップ・ヘフネル「英国は餓死するか」『東洋経済新報』1941 年 4 月19 日号（第 1967 号）、28 頁。

下的 1200 万吨只得要求苏联提供"。此外，锰的需求量也在增加，为此德国采取了"不惜一战的态度"。若将这篇文章里披露的信息与《德国》相比对就会发现，包括数据在内的内容几乎完全相同（据此推测，《德国》是在 6 月完成的）。

第二，"对英国的登陆作战万一失败，还应做好避免被苏联从背后袭击的准备"。

第三，"无论是德国的军事力量，还是其背后的经济力量，本年度都将达到上限，所以要在上限时期打击苏联，并做好应对持久战的准备"。[①] 这说明，德国与日本当时是盟友关系，而关于德国的军事力量、经济力量在 1941 年达到上限（也就是说从下一年开始会走下坡路）的观点，在日本的综合杂志上是可以正常刊发的内容。

武村对于德苏战争的走向，还表达了如下观点。

> 德苏战争将决定此次大战的命运，进一步说就是战争方式——或是速决战或是持久战——将决定大战的命运，甚至将决定世界史的走向。
>
> 如果速战速决，德国就可以利用苏联的经济力量，不仅可以做好与英美开展持久战的准备，还能扭转战局，直接攻击英国本土。反之，如果德苏走向持久战，将会不断消耗德国的经济力量，德国的抗战力会从下一年开始逐渐减弱，其在欧洲占领区内的粮食短缺问题，还会带来政治上的不稳定。[②]

也就是说，预测的内容是：若德苏战争在短期内结束，德国还可以与英美长期对抗下去，也有可能攻击英国本土；但若德苏陷入持久战，随着德国经济力量的消耗，第二年其抗战力将逐渐

---

① 武村忠雄「独ソ開戦と日米関係」『改造』1941 年 7 月時局版、266—267 頁。
② 武村忠雄「独ソ開戦と日米関係」268 頁。

减弱（也就是说德国最终无法胜利）。到底哪种情况会成为现实呢？这决定着"此次大战的命运，甚至是世界史的走向"。这些内容与《德国》的结论和表述方式基本相同。

武村根据英国从巴尔干半岛、克里特岛败退的情况，以及德国对英国本土实行封锁的情况，指出"苏伊士运河是大英帝国的大动脉，有可能被切断，德国加强对英国的逆封锁，则是在逐渐切断英国本土的颈动脉"。武村认为，此后若英国船舶再被击沉400万总吨，英国只能选择投降。现在英国船舶被德国击沉的数量是平均每月70万总吨，按这种速度，此后6个月内就可使英国投降，若是每月能击沉100万总吨，则只需4个月，"生活在英国本土的人们也将只剩下哀号了"。①

如此看来，与《英美》《德国》的内容相似的文章，已经由秋丸、武村等人发表在杂志上了（尤其是《德国》的内容，甚至连具体数据都被公开发表在综合杂志上），那些内容根本就算不上什么秘密。德国的潜水艇在大西洋和印度洋海域猛烈攻击英国的船舶，致使大量英国商船沉没，德国和意大利占领希腊后向苏伊士运河地区进攻……以上这些情况，日本的报纸、杂志也进行了热烈的报道。当时的每个人都能想出的战略是："日本在东南亚夺取英国的殖民地后，向印度洋方面进发。若德意控制住了地中海，则日德意三国通过加强合作，还可以弱化英国与其殖民地之间的联系。如果德意利用潜水艇针对英国进行封锁，英国将会屈服。"

原本应属于"极秘"级别的《德国》的主要内容，很早就被其执笔人武村发表在了杂志上，而且他在该杂志社举办的座谈会上的发言内容，否定了其执笔的《德国》里的观点，但他此后依然以庆应义塾大学教授，以及现役陆军主计少尉的身份在陆军省工作，直到战争结束。下文将详述陆军省、参谋本部、海军军人

---

① 武村忠雄「独ソ開戦と日米関係」270 頁。

们的各种活动，从他们积极地在杂志、报纸上发表评论文章（与《英美一》《德国》相似的内容较多）的现象分析，《英美》《德国》的内容即使被传播到外部，也不会被当成一个问题看待。

而且《英美》《德国》的内容被公开之后，也没有被当成什么秘密，而是被当成可以公开使用的信息。比如，中外商业新报社（日本经济新闻社的前身）的政治部对从"陆军、海军、外务、大藏各省，以及日银、满铁等的权威人士"方面获得的资料进行了编辑，在太平洋战争刚刚爆发的 1941 年 12 月 14 日（其"代序"中写为"1941 年秋"），通过东洋经济新报社出版了《列强的临战态势——从经济力量观察抗战力》一书。书中提到英美都苦于船舶的短缺："英美就算合力拼命造船，产量也不及被德国击沉数量的一半。假定一个月被击沉上百万总吨的船舶，新造的船舶大概可以填补半数（50 万总吨）的缺口，但剩余的 50 万总吨则为绝对减少量。"书中强调，"目前最让英美苦恼的问题，就是'船'"。[1] 每个月"用 50 万总吨的新造船舶填补缺口"的办法，需要"英美集合全部力量造船"，在一年之内造出 600 万总吨船来，以上这些内容在《英美一》中已被指出。书中还写道，目前的德苏战争，是为了从乌克兰获得粮食保障，[2] 在"以日本为中心的大东亚共荣圈"里，能出产德国的占领区内缺乏的"钨、锡、橡胶等"。[3] 这些内容是基于《德国》的分析得出的。

总之，秋丸机关的报告内容，除了一些详细数据外，在当时属于常识性的知识，根本不是什么秘密。

---

[1] 中外商業新報政治部編『列強の臨戦態勢—経済力より見たる抗戦力』東洋経済新報社、1941 年、5、7 頁。

[2] 中外商業新報政治部編『列強の臨戦態勢—経済力より見たる抗戦力』「序に代へて」2 頁。

[3] 中外商業新報政治部編『列強の臨戦態勢—経済力より見たる抗戦力』60 頁。

人们如何看待这份报告？（1）关于普遍观点的疑点

按照上文的思路思考就会发现，关于秋丸机关报告的普遍观点和异议皆与事实不符。

据有泽广巳回忆，秋丸次朗告诉他，在"9月末"的报告会上，参谋总长杉山元听取了报告，还说过"该报告的调查以及推论，在方法上是完美的、无可非议的。但是结论与国策相反，应该马上把该报告的誊写本全部烧毁"这样的话（有泽当时因母亲病危回到老家高知县，待母亲葬礼结束后才返京，后来秋丸把这些话告诉了有泽）。有泽以为秋丸回收并烧毁了所有的誊写本，"当然我手里一本也没有留下"。[①]《英美一》于1991年被找到后，秋丸次朗在日本广播协会（NHK）播放的节目中[②]，也证实了有泽的话。因此，人们相信普遍观点是符合事实的。

但是细细琢磨，有泽的话里其实有很多疑点。1971年，有泽参加了一个座谈会，在场的人有中山伊知郎、赤松要、都留重人等。有泽在会上说，那个报告是在"梅津参谋总长"以及其他陆军领导们面前汇报的，汇报完之后，参谋总长下令将报告烧毁。[③]但是梅津美治郎当时的职务是关东军司令，从1944年才开始担任参谋总长，这是疑点之一。另外，秋丸机关是属于陆军省的机构，参谋本部是被陆军省特殊对待的机构，因为它们分属两套不同的指挥系统（陆军省负责"军政"，参谋本部负责"军令"）。并且上文已述，目前发现的《英美》《德国》的内容，在当时是常识性的知识，如果这些资料就是在报告会上汇报的内容，那么将其烧毁完全没有意义。

假设陆军省内的秋丸机关在报告会上强烈主张"避免开战"，导致发生了参谋总长下令烧毁报告文本的事，那应会在陆军内部

① 有沢広巳『学問と思想と人間と』164—165頁。
② NHK「現代ジャーナル　日米開戦50年（2）—新発見・秋丸機関報告書—有沢広巳と太平洋戦争」1991年12月3日。
③ 座談会「経済政策論の発展過程およびその周辺」62頁。

引起很大反响，为众人所知，并且留下相关记载。但不论是在一手资料还是在回忆录中，目前都未发现关于此事的记载。本来《英美》《德国》的内容就没有违反当时的国策，更关键的是，当时"国策"本身就是模糊的（这一点将在下文详述）。

有泽多次说过报告文本一本都没有留下，虽然他断言"没有'报告文本'了，全部都由秋丸中佐负责烧毁了"，[①] "调查机关里的东西都烧了，哪里都没有留存"，[②] 但上文已述，1942年上半年，秋丸机关出版的资料（属于秘级程度不太高的"部外秘""秘"）证实，《英美》《德国》"已经公开出版了"，"本班之前推出了"，因此报告文本在那时已经被"公开推出"是确定无疑的事情。而且既然从有泽的藏书中发现了实物，笔者现在认为，有泽曾经说过的"参谋总长杉山元下令烧毁报告文本，故而报告文本全部都被烧毁了"的那番话，与事实不符。

人们如何看待这份报告？（2）关于异议的疑点

如果细细推敲异议，会发现其依据也难以站住脚。异议认为，秋丸机关的报告对《关于促进结束对美英荷蒋战争的草案》产生了影响。对于该草案的内容及可行性，秦郁彦已经做过详细分析，[③] 此处笔者针对该草案与异议的关系进行考察。

起草《关于促进结束对美英荷蒋战争的草案》的过程是这样的（以下内容主要来自原四郎的《缺乏大战略的开战》，[④] 作者当时任大本营陆军参谋）。1941年9月6日，御前会议通过了《帝国国策施行要领》，该要领提出："帝国为了实现自立自卫，不惜

---

① 座談会「経済政策論の発展過程およびその周辺」62頁。
② 有沢広巳（聞き手・早坂忠）「戦中・戦後の経済と経済学―ワイマールと現代」『週刊東洋経済』第4427号（臨時増刊近経シリーズ No.65）、1983年、101頁。
③ 参见秦郁彦『旧日本陸海軍の生態学―組織・戦闘・事件』中公選書、2014年の第8章「第二次大戦における日米の戦争指導―戦争終末構想の検討」。
④ 原四郎『大戦略なき開戦―旧大本営陸軍部一幕僚の回想』原書房、1987年。

对美（以及英、荷）发动战争，10 月下旬前须完成战争准备"，
"依靠外交谈判，若至 10 月上旬仍无实现我要求之可能，则决意
对美（以及英、荷）开战"。这是极为具体的对英美开战的国策。
此后，陆海军的事务部门多次研究讨论《对美英荷战争指导纲
要》。10 月 3 日，终于推出了《战争指导计划》。该计划由以下 9
个部分组成：战争目的、战争的特质、指导武装战争的原则、进
行武装战争时的政略范围、占领区的处理、指导思想战的重点、
指导经济战的构思、指导外交战的准则、促进战争结束的方略。

　　11 月 2 日，首相东条英机向天皇上奏，介绍了再次讨论国
策的过程与结果，最后东条说道："开战的理由，以及关于如何结
束日美战争的政策，还在研究中。"当时人们认为这也是昭和天
皇所希望的，于是才会研究讨论《促进对美英荷战争结束要领》。
最终形成的文件以上文提到过的《对美英荷战争指导纲要》的第
9 部分为主体，摘录了其中的主要内容。该文件被呈交到 11 月
13 日召开的大本营政府联络会议上，15 日作为《关于促进结束
对美英荷蒋战争的草案》获得表决通过。

　　《关于促进结束对美英荷蒋战争的草案》内容如下：首要方
针是"迅速在远东地区击溃美英荷的军事基础，并建立起自立自
卫的架构；同时采取积极措施，促使蒋介石政权屈服；与德意合
作，先令英国屈服，再使美国丧失继续战斗的意志"。更具体地
说就是，日本占领美英荷在远东地区的根据地（殖民地），建立
起自给自足的体制，促使蒋介石政权早日屈服，与德意合作令英
国屈服，让美国失去继续作战的意志。[①]

　　按步骤来说，就是先攻击美英荷在"东亚及西南太平洋"区
域的根据地，控制重要资源所在的地区和交通干线，形成能够实
现长期自给自足的架构，适时引诱美国海军主力并努力歼灭之。
之后是"日德意三国合作，促使英国屈服"，日本通过施展政略

---

① 参谋本部编『杉山メモ　上』原書房、2005 年、523—525 頁。

及破坏通商等手段，切断澳大利亚、印度和英国本土之间的联系，破坏澳印与英国的关系，支持缅甸独立，并以此刺激印度寻求独立。此外还要支持德意在近东、北非、苏伊士运河地区的作战，加强对英封锁，支持在"形势允许的情况下"登陆英国本土作战，还要加强"依靠印度洋联结起的三国合作"。对于美国，日本除了要"彻底执行对美通商破坏战"以外，还要"加强对美国的宣传战"，"将美国海军主力引至远东地区"，"敦促美国反省远东政策，宣扬日美战争无意义的观念，引导美国舆论走向厌战的方向"。对于德国与意大利，则要求其加强"在大西洋及印度洋上针对美国的海上攻势"，以及"在中南美洲的军事、经济、政治方面的攻势"。

到这里为止，若与秋丸机关的《英美》以及《德国》的"判断"的末尾部分相对比，会发现它们在内容上是重合的。但该草案是严重依赖德意两国的战略，而《德国》指出了德国经济抗战力的上限，它们在这一点上存在差异。

再往下看，则是如何让重庆的蒋介石政权屈服的内容。"对于中国，则要根据对美英荷战争的进展，尤其是需要利用作战成果，断绝对蒋介石政权的援助，以便消灭其抗战力……积极利用政略战略手段，促使蒋介石政权屈服"，同时向缅甸进发，斩断同盟国方面的"援蒋通道"等。对于苏联，草案指出，在南方作战期间应极力防止与苏联发生战争，并促使苏联与德国议和，将苏联"拉入轴心国一方"，"根据情况还可以考虑促使苏联向印度、伊朗方面进发"。

草案的结尾部分主张尽量抓住结束战争的机会，"在英国屈服之际，不能立即与之议和，而要利用英国诱使美国议和"，"要把南洋方面的锡、橡胶等资源的供给问题及如何处理整个菲律宾的问题，纳入对美议和的策略中考虑"。也就是说，在英国屈服后，日本应诱使美国议和；日本占领英属地后，可以向美国提供当地出产的锡、橡胶，还可以承认美国对菲律宾的影响等，用这些条件实现对美议和。

　　总体来看，《关于促进结束对美英荷蒋战争的草案》的前半部分，某种程度上可以说是属于日本的"战略"，但是除了专门针对美国海军的战略之外，其他对于英美的直接攻击行动，需要依靠德国和意大利。杉田一次在太平洋战争爆发前担任参谋本部欧美课课员，借用他的话来形容，该草案的"内容是'他力本愿'（完全依靠外力）的，并没有深入了解英美的情况。德军登陆英国作战的话题，都已经说了将近一年半了，日本还完全不顾事实，依然期待德军的登陆，并将日本的命运寄托于其上"。[1] 上文已述，《德国》的"判断"曾指出如下内容，但他们完全不在意。

　　　　德国军方要么按照既定计划，在两个月内迅速结束对苏战争，然后直接利用苏联的生产能力；要么将陷入持久战中。所以说，决定这次大战命运的是能否在短期内（两三个月后）利用上苏联的生产能力。

　　坦白说，该草案的后半部分与其说是日本的战略，不如说是日本的"愿望"（让不断扩张、拼死战斗的德国和苏联议和，把苏联拉入轴心国阵营，再让其向印度和伊朗进发，让英国诱使美国议和，并向美国提供锡、橡胶以实现和平。）。

　　与其说《关于促进结束对美英荷蒋战争的草案》是日本应该采取的"战略"，不如说它是"为回答天皇的提问而起草的文件，很难说它被赋予了指导国家推进战争的色彩"。[2] 它并未经过理性研究，仅是"官僚写的作文"。[3] 对比秋丸机关的报告内容和《关于促进结束对美英荷蒋战争的草案》所提到的战略，可以发现有一部分内容是相似的，这是因为双方都吸收了当时常识性的内容，

---

① 杉田一次『情報なき戦争指導—大本営情報参謀の回想』原書房、1987 年、219 頁。

② 原四郎『大戦略なき開戦—旧大本営陸軍部一幕僚の回想』290 頁。

③ 保科善四郎『大東亜戦争秘史—失われた和平工作』原書房、1975 年、110 頁。

那是谁都能认识到的内容。

陆军其实十分清楚，只有这种"外行"的手段才能结束战争。本来"草案"这个称谓，就是参谋总长杉山元在大本营政府联络会议上讨论该方案时提出来的。他说"这份文件应当止于草案"。[1]在军务局局长武藤章的指示下，时任军务局军务课高级课员石井秋穗参与了起草《关于促进结束对美英荷蒋战争的草案》的工作。他回忆道："促进结束战争的草案是相关人员合作完成的，在 11 月 15 日的联络会议上获得通过，但实际上它并不是可靠的方案。有了这个方案，就可以更迅速更轻松地下定决心打仗了。"[2]这才是开战在即时军人的真实心态吧。

石井等人仅将当时常识性的内容和愿望结合起来，就交出了《关于促进结束对美英荷蒋战争的草案》这样的作文。而此时秋丸机关完成的报告则被当作资料使用，被挑出来使用的很有可能是被认为合时宜的部分（对德国抗战力的上限等内容视而不见）。反过来说，只有这部分内容，才与异议所说的"秋丸机关的报告影响了国策"的观点相反。

在大本营政府联络会议上，《关于促进结束对美英荷蒋战争的草案》获得通过，成为一项国策，但其基本内容绝不是什么"秘密"（在当时是常识），因为开战后不久，与这项国策大致相同的内容就整版刊登在报纸上。陆军省整备局战备课课长冈田菊三郎大佐出席了"大东亚建设座谈会"，该座谈会的详细情形连载在 1942 年 3 月的《朝日新闻》上。加入过秋丸机关的中山伊知郎、蜡山政道也出席了此次座谈会。3 月 20 日刊发的连载文章中记录了冈田的话："要打胜仗，最重要的是要知彼知己。从国防经济的角度进行敌我力量对比，只看数据没有意义，而且对方十分清楚双方的大致情况。"冈田的结论是"不能太过轻视对方"，

---

① 参謀本部編『杉山メモ 上』519 頁。

② 「石井秋穂の手記」上法快男編『軍務局長 武藤章回想録』芙蓉書房、1981 年所収、273—274 頁。

"无论怎样，对方拥有经得起持久战的国力"，"对方经济实力的基础很强大"。但是他在承认英美国力强大的同时也谈道："难道在国防经济方面就没有办法使英美屈服了吗？并不是。"他还提出了攻击英美的船舶、与德意合作，尤其是切断英美与印度等国的联系的建议。

> 此外，最快的办法就是让它们丧失船舶。英国在战前拥有1800万总吨的船舶，加上其盟国（开战后被德国征服）的船舶，共有3000多万总吨，但是其船舶处于持续减少的状态中。如果再给它施加点压力，英国定会乖乖认输。美国看上去经济力量强大，但是在海运方面是落后的，没有余力支援英国并在东亚发起反攻。可是，光靠击沉敌船也不一定能彻底达到战争目的。若日本与轴心国协调配合，阻断英美与印度的联系就更有好戏看了。人们热衷于讨论物质资源，英国人口较少，但可以动员大量的印度人成为其兵力和劳动力，这对英国也非常重要。如果这项人口资源无法利用，英国就更困难了。若印度洋由日本掌控，地中海被德国征服，高加索地区由德国控制，土耳其向轴心国靠拢，英国就无法利用伊朗和伊拉克的石油。英国在无法获得两伊石油的情况下还要坚持打仗的话，结局只能是毁灭性的。假设战争发展到这一步，光辉的胜利必定在前面等待我们。但对方的实力强大，我军只是占领了南方一些地区，还不可小觑对手，得有打十年、二十年仗的心理准备。

陆军省战备课曾多次测算过日本的抗战力，冈田熟谙日本经济的脆弱性，其真实想法恐怕出现在最后那部分文字中："但对方的实力强大，我军只是占领了南方一些地区，还不可小觑对手。"但是从自身立场出发，他只能讲那样的话。这篇座谈会的报道的标题是："船舶沉没英国覆灭，强大美国缺乏耐力。"

"面向陆军领导层的报告会"是什么样的？

如上文所述，《英美一》的内容是常识性的知识，普遍观点和异议对它都过于高估了，这本身就是问题。第七章将会详述，执笔写报告的武村忠雄是庆应义塾大学教授，同时也是陆军主计少尉。他后来继续在陆军省开展经济调查活动，并且以《英美》《德国》的内容为基础，在普通杂志上发表了大量文章。这些情况让人们很难想象《英美》《德国》的内容会被看作"违反国策"的东西而被下令烧毁，或者反过来被当作有关国策的重要文件对待。当时人们很可能认为，就算其内容被定为"极秘"级别，公开了也没什么关系（重要文件通常都会标有序号，即某部中的某号。现存的《英美一》《英美二》《德国》上都没有序号，而且若它们真的是非常重要的军事文件，会被标注比"极秘"更高级别的"军极秘""军事机密"等。《英美二》《德国》中也没有加盖所属组织的印章，这说明它们没有被回收过。估计是曾与秋丸机关有过交集的某个人一直将报告文本保存到了战争结束以后，在这个人去世后，这些资料才出现在旧书店里）。《英美一》是从有泽的藏书中发现的，《英美二》《德国》则可能来自曾与秋丸机关有过交集的某个人的收藏。其实可以这样理解："因为报告写的是众所周知的事实，所以没有回收的必要，在开完报告会之后，就被放置在那里了。"

普遍观点和异议都忽视了一个问题，有泽与秋丸都证实召开过"面向陆军领导层的报告会"，这个报告会到底是什么样的？

防卫厅防卫研修所战史室（当时的名称）曾组织众多的日本军人编纂《战史丛书》。1966—1980 年，该丛书陆续出版，目前可以在防卫省防卫研究所史料阅览室、昭和馆图书室通过终端检索到。在国立国会图书馆、各地的公共图书馆、大学图书馆，可以通过国立国会图书馆的数据库进行阅览。依据笔者个人的经验，用"陆军省战争经济研究班""陆军省主计课别班"等关键词，或者用能联想到的机关、报告会等关键词检索，都无法从这套书中找到相关内容。这种情况与服部卓四郎的《大东亚战争全史》在《战史丛书》出版以前通常被称作"太平洋战史"相同。《杉山笔记》收录了参谋总长杉山元的大量笔记与书籍；《机密战争日志》是由大本营陆军部战争指导班完成的；《陆军省业务日志摘录》的作者金原节三曾任陆军省医务局医事课课员和医事课课长，他摘录了陆军省内的课长会议记录和局长会议记录中的内容。以上三种一手资料中都没有关于那次报告会的记录。一些在当时很有影响力的军人的回忆录中，也没有关于那次报告会的文字记录。

既然有泽、秋丸都说曾向陆军领导层做过报告，那么召开过报告会应该属实。但是反过来思考，为什么找不到任何关于报告会的资料或回忆性文字材料呢？也许实际情况是："面向陆军领导层的报告会"是某场会议的议程之一，秋丸机关的报告（可能并不是以秋丸机关而是以"陆军省的研究"的名义进行报告的）只是众多报告之一，其报告文本也只是会上提交的众多资料之一。由于其内容也不是那么新颖，没有专门对其进行记录，报告也没有给人留下什么印象。

如果这个时期（报告文本完成后的 1941 年 6—7 月）陆军省在内部频繁地召开会议的话，那么讨论的到底是什么主题呢？答案就是"北进还是南进"。

北进还是南进？

1941 年 6 月 22 日，德苏开战。6 月 6 日，日本驻德国大使大岛浩获得了德苏即将开战的情报。日本陆军长期将苏联当作假想敌，获得该情报后，一方面，有人主张联合德国进攻苏联，此为北进论（以参谋本部为中心）；另一方面，南进论（以陆军省为中心）认为，正因为来自北方苏联的威胁减弱，所以才更应该为获取资源而向南方挺进，这与北进论意见相反。

北进论主张，日本应与德国呼应，对苏联开战。其代表人物是参谋本部作战部部长田中新一。[1] 而在德国，希特勒将对苏联作战视作种族主义的"圣战"，他认为作战应由日耳曼民族单独完成，因此对日本的对苏开战的想法持消极态度。但是德国外交部部长里宾特洛甫从战略上考虑，在德苏战争开始后的 6 月 28 日，要求日本对苏开战，日本外务大臣松冈洋右也极力主张立即对苏开战。[2]

陆军省军务局是反对北进主张的。据时任军务局军务课高级课员石井秋穗回忆，6 月 8 日，军务局局长武藤章召开会议讨论今后的对策，军事课课长真田穰一郎、军务课课长佐藤贤了、军事课高级课员西浦进以及石井本人参加了会议。武藤在会上询问："德苏战争开战后将会如何？"石井答道，由于苏联领土广阔、资源丰富、人口众多，且共产党的一党统治已广泛铺开，估计不会轻易地出现内乱，德苏战争有可能像日中战争那样陷入持久战。武藤表示："完全同意。如果认为苏联会轻易认输，那可是大错特错。不能草率地跟风行事。"[3]

军务局局长反对北进主张，支持南进主张。但是在军务局内部，对于南进的态度是不一致的。军务局局长武藤章认为，南进存在引发日美战争的风险，而且从两国的经济实力来看，日本在战争中没有胜算，但参谋本部一心想"蛮干似地扑向苏联，为了防止出现这种情况"，要主张南进。[4] 相对于武藤这种消极型的南进主张，军事课课长真田穰一郎与军务课课长佐藤贤了积极主张通过南进获取资源。大本营陆军部战争指导班的《机密战争日志》

① 松下芳男編『田中作戦部長の証言—大戦突入の真相』芙蓉書房、1978 年。川田稔『昭和陸軍全史 3—太平洋戦争』講談社現代新書、2015 年。

② 田嶋信雄「東アジア国際関係の中の日独関係—外交と戦略」工藤章・田嶋信雄編『日独関係史 一八九〇—一九四五 Ⅰ 総説／東アジアにおける邂逅』東京大学出版会、2008 年所収、51—55 頁。

③ 「石井秋穂の手記」241—242 頁。

④ 「石井秋穂の手記」246 頁。

记载，在 6 月 6 日确认德苏即将开战的当天，真田与佐藤在参谋本部"强烈主张应坚决行使武力向南方进发"，"佐藤提出三个方案，第一是坚决行使武力向南方进发，第二是在对美协调的同时解决北方问题，第三是根据实际状况确定方案，其中主推的是第一方案"。[①] 佐藤和真田在得知德苏战争的确切消息后极力主张南进的原因在于，德苏战争使日本可以暂不考虑来自北方苏联的威胁，轻松向南方进发。即使德国在短期内无法降服苏联，但"只要德国不败，不论德苏战局如何变化"，来自苏联的威胁都会显著减轻，"对于支持南进论的人来说，德苏开战是个大好时机"。[②] 而且，海军（尤其是军令部）还可以获得战略资源，为了备战对英美的战争，应该抓紧日本在日美海军力量对比中占据优势的时机，尽早进驻法属印度支那南部的战略要地。

6 月 10 日，在陆海军部局长会议上，讨论通过了进驻法属印度支那南部的方针。6 月 12 日，联络恳谈会通过了《关于促进南方施策的方案》。[③] 会议认为英美荷是日本进驻法属印度支那南部的障碍，"帝国出于自立自卫，忍无可忍之时"，应"不惜孤注一掷对英美开战"。但外务大臣松冈反对这样的表述，6 月 21 日，"不惜孤注一掷对英美开战"的措辞被删去后，方案才获得了松冈的同意。

此外，有的人主张趁着德苏战争北进（有人将北进意见分为两种，把积极主张北进的意见称作"涩柿主义"，即不管柿子有多么青涩都急着强行摘取；把另一种意见称作"熟柿主义"，即认为必须等到苏联彻底衰落后才能北进）。陆海军提出将南进和北进合并起来"两论并记"，主张"帝国依然按既定计划应对支那事变后的问题，同时为了构建自立自卫的基础，应推进向南方

① 軍事史学会編『大本営陸軍部戦争指導班　機密戦争日誌　上』錦正社、2008 年、111 頁。
② 防衛庁防衛研修所戦史室『戦史叢書　大本営陸軍部大東亜戦争開戦経緯〈4〉』朝雲新聞社、1974 年、145 頁。
③ 防衛庁防衛研修所戦史室『戦史叢書　大本営陸軍部大東亜戦争開戦経緯〈4〉』116—122 頁。

的进发，依据时局的变化解决北方问题"。6月24日，陆海军部局长会议通过了《适应世界形势演变的帝国国策纲要》，该纲要吸收了"两论并记"的内容。

参谋本部据此制定了向"满洲国"和朝鲜调配大部队、进行关东军特别大演习的计划。6月29日，参谋本部作战部部长田中新一叫来军事课课长真田穰一郎，田中强烈要求为进行关东军特别大演习而实施正式动员，但本来就反对北进的真田没有答应。7月1日，参谋本部第二课，陆军省军务局军事课、军务课召开研究会议，第二课课长服部卓四郎说："与中国的持久战让人头痛不已，所以在预测德苏战争的前景时，很多人非常担心对苏战争会陷入持久战，但也不应到惩羹吹齑的地步。"这番话是在牵制持慎重态度的陆军省，他主张"速下决心准备开战，做好8月开战的准备"，要求尽早动员20多个师团的力量。但军务课的石井秋穗和军事课的西浦进并没有放弃谨慎的态度（此时秋丸机关的报告已经完成，但可能还没有形成最终的报告文本）。7月4日，急躁的作战部部长田中新一直接向陆军大臣东条英机汇报，才终于获得了大规模动员部队的许可。7月5日，陆军决定正式动员85万人的总兵力，进行关东军特别大演习。[1]

就在主张南进与北进的两方势力角力正酣之际，7月2日，御前会议通过了《适应世界形势演变的帝国国策纲要》。这份纲要以上文提到的陆海军提出的方案为基础，再次使用了"帝国为达成本纲要之目的，不惜对英美开战"的措辞，但是也"并不能据此认定，陆海军整体已下定决心"。[2]1958年，曾任军务课课长的佐藤贤了向陆上自卫队干部学校的教官做演讲。他在介绍《适应世界形势演变的帝国国策纲要》时说道："在日本，没有谁能独揽大权。陆海军、首相、外务省，这三方各自持有不同意见，各方

---

① 防衛庁防衛研修所戦史室『戦史叢書　大本営陸軍部大東亜戦争開戦経緯〈4〉』273—279頁。

② 防衛庁防衛研修所戦史室『戦史叢書　大本営陸軍部大東亜戦争開戦経緯〈4〉』203頁。

在交涉的基础上达成妥协……这个时候尤其紧张，大家的想法都不相同啊。"[1] 到底是应该南进还是北进，还是应该避免战争？各种意见都可以解释得通，最终将这些意见汇总在一起，就形成了《适应世界形势演变的帝国国策纲要》。7月5日，这份纲要通过后不久，陆军省局长级会议记录显示，陆军大臣东条英机曾表示："今后我国向哪个方向去？尚未确定。总之，军界在沉默之中，要准备应对各种情况，最关键的是不能引起国民的不安情绪。"[2] 1941年7月，日本的"国策"除了"进驻法属印度支那南部，根据对苏战争的形势变化做好应对"以外，都处于未确定的模糊状态。

"阻止北进"的措辞

"南进论"和"北进论"是当时人们热烈讨论的话题。若在这种讨论的大背景下阅读《德国》中"判断"的内容，就会意识到它是在强烈地主张"不应北进，应该南进"。

我国若加入德苏战争，苏联将迅速加强与英美的合作，后果就是我国完全陷入包围之中。要想打破这个包围圈，首先要向南突进。理由如下。

1. 我国经济抗战力的现状决定了应该避免南北两面同时作战。

2. 应避免北方的消耗战，应在南方推进生产战争、资源战争。

3. 应依靠在南方开展的资源战，进行短期建设，休养壮大经济抗战力，据此培育建设高度国防国家的经济基础。

4. 若实力得以休养壮大，则可靠自身力量解决北方问题。

---

[1] 佐藤賢了『弱きが故の戦い（大東亜戦争への足取り）』陸上自衛隊小平修親会、1958年、154頁。

[2] 波多野澄雄・茶谷誠一編『金原節三陸軍省業務日誌摘録 前編』346頁。

5. 若在南方实现了对资源的掌控，不仅可以对付反轴心国的国家，在轴心国面前也可以顺利地推行我国的世界政策。

首先，"应该控制南方的资源"，其次，"（至少现在）不应该向北进发"，这种带有价值判断的观点，在秋丸机关的报告内容中是极其特殊的部分，因为秋丸机关一直以调查为目的，"追求掌握客观事实，避免陷入主观性的观察中"。例如，1941 年 8 月出版的秋丸机关的资料《占领苏联远东地区后的货币、经济工作方案》（防卫省防卫研究所史料阅览室收藏）提出，假设日本在关东军特别大演习之后打响对苏战争，那么在占领苏联远东地区后，应利用现有机构实施统治，出口石油、煤炭、金、铁矿石、锰矿石等，与此相对应，应从日本本土出口生丝、茶，要把以上这些工作"当作建设大东亚共荣圈的重要一环"。尽管提了这个建议，但因为这个研究成果是秋丸机关应主张北进的参谋本部的要求而写的，所以并没有对要求本身进行价值判断。《英美一》的"判断"，总体上说是应"与英美作战的战略考虑"的要求而写的。既然是这样，《德国》的"判断"也理应依照要求思考类似《占领苏联远东地区后的货币、经济工作方案》的对苏作战的对策，但它却明确批评了"对苏作战"这一前提，主张应该谋求"南进"。

秋丸机关的报告为何批评"北进"而谋求"南进"？这需要剖析一下秋丸次朗的身份。他是陆军省经理局课员兼军务局课员，1939 年 9 月，他应军务局军事课课长岩畔豪雄的邀请，参与创建"经济谋略机构"。如上文所述，在东亚经济恳谈会的九州座谈会上，秋丸自我介绍说"我是陆军省军务局的秋丸中佐"。据此可知，秋丸机关实际上是军务局的机关，这样解释是最为合理的。因此，秋丸机关的研究工作是按照军务局的意志而展开的。

在"北进还是南进"的热烈讨论中，1941 年 7 月，秋丸机关完成报告后，在面向领导层举办的报告会上表明了军务局反对北进、主张南进的态度，指出（尽管是消极地）北进毫无意义，强调南进的必要性。以上这些做法，对于实际上属于军务局的秋丸机关来说，是很自然的事。

秋丸次朗在上文提到的《欧洲战争与世界经济的新动向》中，以"日本应走的道路"为题，列出了以下具体做法。"破坏滇缅公路，从法属印度支那向缅甸施压，阻止对蒋介石政权的援助行动"，"阻止英美在泰国的合作，我方应与泰国建立军事和经济联系，以便未来将其作为向新加坡施压的根据地"，"凭实力获取荷属东印度的石油资源，并出台能摆脱对英美的贸易依赖的、能实现自给自足的政策"。[①]1941 年 2 月，武村忠雄也在综合杂志《公论》的评论里，强调了以下观点："目前我国的生产极其缺乏原材料，为了填补原材料的不足，一方面需要高度的组织性，使有限的原材料发挥出最大效用，另一方面还需从海外获取补给……为了保障从海外获得原材料，除日满华之外，还要将南方地区拉入大东亚共荣圈。不管太平洋的风浪有多险，为了我国国民的生存和我国防卫的需要，为了加强国防经济力量，必须勇往直前地向南方进发。"[②]秋丸和武村，都没有否定"南进"的主张。

若以"第二次世界大战是同盟国与轴心国之间的战争"这样的现代视角观察出现在《德国》的"判断"的结尾处的如下表述，会感觉怪异。

> 5. 若在南方实现了对资源的掌控，不仅可以对付反轴心国的国家，在轴心国面前也可以顺利地推行我国的世界政策。

也就是说，以南进的方式掌控资源，这一做法不仅针对反轴心国的国家（英美），还希望日本在已成为盟友的轴心国（德国）面前也处于相对优势地位。之所以这样说，是因为当时的南进论蕴含着日本对于德国的警惕之意，日本担心德国抢先一步获得荷

---

① 秋丸次朗「欧州戦争と世界経済の新動向」27 頁。
② 武村忠雄「国防経済力の測定」『公論』1941 年 2 月号、73 頁。

兰、法国以及英国等国的殖民地。

　　日本从前一年（1940 年 9 月）就开始向法属印度支那北部进发，这一行动效果明显。在上文提到的在陆上自卫队干部学校的演讲中，佐藤贤了谈道，该项行动的目的在于阻断从法属印度支那向中国提供援助的"援蒋通道"，同时保障日本获得来自法属印度支那的大米、橡胶等重要物资，将法属印度支那作为今后南进行动的根据地。此外，他还详细讲述了该项行动的以下目的。

　　　　法国已经崩溃了。法属印度支那曾是现已崩溃的法国的殖民地，现在成了被抛弃的无主宝藏。将来谁会占有它？
　　　　最有资格的是德国。德国打败法国后，扶植起维希政府这一傀儡政权，一切都在德国的掌握中。现在，德国忙于欧洲的战事，腾不出手，将来也许会来占有它。德国正想建立三国间的同盟关系，对我国来说是友好国家，但若法属印度支那真被德国占有，我国就难受了……（戴高乐政权可能会委托英美管理法属印度支那）所以在其归属尚未确定的时候，我国要抢先一步进驻，这就是最大的目的。[1]

　　这里仅谈到了法国与法属印度支那，但其实领土被德国占领了的荷兰、荷属东印度（若英国屈服，则还有英国本土及英属马来亚、缅甸）的情况也是相同的。军务课的石井秋穗也设想过以下情况：苏联在短期内被打败，德国集中力量对英决战并迫使英国屈服，"新加坡则自然而然地归属于德国"。[2] 也就是说，在德苏激战之时，日本必须先于德国，将位于东南亚的"被抛弃的无主宝藏"控制住，这需要尽早南进，掌控法、荷、英的殖民地，这种思路使佐藤等人在确认德苏将开战之后强烈地主张南进。秋丸机关的报告内容，尤其是《德国》，深刻地反映了陆军省军务

---

①　佐藤賢了『弱きが故の戦い（大東亜戦争への足どり）』94 頁。
②　防衛庁防衛研修所戦史室『戦史叢書　大本営陸軍部大東亜戦争開戦経緯〈4〉』157 頁。

局的意志。

无论秋丸次朗采用何种说辞、如何进行表述，在当时看来，秋丸机关的报告内容都带有支持陆军省军务局主张的色彩，即支持"南进"、反对"北进"。因此，1941年7月，当这些报告内容在面向陆军省和参谋本部领导层的会议上被提出时，从谋求"北进"的参谋本部的角度来看，"这是军务局为批评北进而搞的说辞"，从经理局的角度来看，"这是经济学者顺从军务局的意志开展的批评"。

如此看来，"参谋本部有可能用'违反国策'这样的措辞对秋丸机关的报告内容表达了'不同意见'"，但这并不是针对"对美开战"而言的，而是围绕在"对苏开战"问题上的不同认识来谈的（反对与陆军传统上的"假想敌"苏联开战，从这个意义上说是"违反国策"）。在有泽广巳的回忆中，参谋总长杉山元曾说过"那个结论与国策相反"这样的话，有泽本人并没有参加报告会，他回忆的内容不准确，这可能是因为传达给他的方式极其不准确，也可能是因为他的记忆有误（做出这两种推测的理由将在第七章详细说明）。

在秋丸次朗的回忆中，关于秋丸机关向领导层做报告那件事，他是这样写的："没有谈什么消极和平论，大部分人倾向于认同草率的战争，了解实情的人则感觉如履薄冰。"[1]关于报告会上的情况，晚年的他说："大家在那里都是一边抱着'事到如今不要再说了'的态度，一边打着瞌睡。"[2]从报告内容的角度分析，笔者认为，因为秋丸机关是反对北进的，所以参谋本部发了些牢骚，但又因为其内容本身是常识性的知识，所以也没有引起什么特别的反响。

---

[1] 秋丸次朗「大東亜戦争秘話 開戦前後の体験記—秋丸機関の顛末を中心に」13頁。

[2] 河野州昭「日曜論説 秋丸機関調査書 開戦前の日本を知る」『宮崎日日新聞』2015年3月29日。

不是避免"对英美开战"而是避免"对英美苏开战"

德苏战争起初向着有利于德国的方向发展，将苏联逼得几近崩溃。但苏联的拼命抵抗和 1941 年冬天的提前到来，阻止了德军的攻势。在日本袭击珍珠港的当天，希特勒发出了第 39 号元首指令，称"东方的冬天来得异常早，随即导致补给困难，应立即停止大规模的进攻作战，转为防御态势"。[①]苏联在这个冬季扭转了战争局面，而德国——正如《德国》所预测的那样——对生产力、人力资源的利用已达上限，结果在斯大林格勒战役中吃了败仗，整个战局发生变化，德国完全陷于守势。

1941 年全年是对德国最有利的时间段。也许有人认为，日本如果在这段时期与德国共同打击苏联，苏联可能就崩溃了（这样就没有战争结束后的东西方冷战了）。实际上，日本当时若想要采取这样的行动，至少要受到经济条件的限制。

站在日本的立场上，即使能顺利向北进攻苏联，日本所苦恼的资源问题——尤其是石油——还是完全无法解决（北库页岛油田的供应量，连日本本国的需求量都满足不了），结局将会像《德国》指出的那样，白白耗费宝贵的资源去打消耗战。时任军事课高级课员西浦进在战争结束后接受采访时谈到太平洋战争的开战理由，他说："如果说是为了石油而打的，听上去过于功利了，我不想这样去说，但那终究是一场为石油而打的仗，这个说法完全正确。"关于反对北进的原因，他是这样说的。

> 我们坚决反对对苏联开战的原因，尤其是我个人表示反对的原因在于，对苏联开战需要石油。虽不需要海军做什么大动作，但总会需要他们做些什么，至少海军飞机需要出动。陆军的飞机、汽车需要全体出动，所以要考虑石油的问

---

① 田嶋信雄「東アジア国際関係の中の日独関係—外交と戦略」56 頁。

题——当时陆军还有能勉强支撑半年用量的石油，如果再出动关东军——那时在南方是能支撑六七个月的，但若与英美的战况不好转，再与苏联打上半年的仗……强撑着打上半年，把石油用尽，就什么也干不了了。那时若再想向南出动获取石油，根本做不到，因为飞机等一切都在北方。我们自己和陆军的前辈们在战后都曾说过："那时不向南出动，与德国合作打败苏联就好了。都怪那些愚蠢的家伙们。"这就是不当家的人才会说的话，那时的北方……虚张声势地造势还行，但硬要采取行动的话，我认为是绝对不行的。虽然南进的结果最终是那样的，但是如果能获取石油并不断向北输送，然后再在北方开战的话，结果就不可预知了。[①]

军务课课长佐藤贤了也强烈反对北进方案，他认为："支那事变的事情还没有解决完就跟苏联作战，而且去那种什么物资都没有的地方打仗，能有什么好结果……对苏开战等于自杀。"[②] 8月7日，佐藤在陆军省的课长会议上主张南进。他说："日本与美国真正发生冲突，可能是在数年之后。如果能利用发生冲突之前的这段时间，获得南方的资源，尤其是战略物资，就能增强日本对抗美国的力量……在北方开战则无法获得任何资源。"[③] 从保障资源的角度来看，北进方案对日本来说毫无意义。如果北进，无论进展是否顺利，都将是一场"消耗性战争"，为了保障资源，最终还是得无奈地在困境中南进——这就是《德国》提到的"南北两面同时作战"。

北进方案难以实施的另一个原因是，对苏开战事实上意味着对英美开战。《德国》已指出，"我国若加入德苏战争，苏联将迅速加强与英美的合作，后果就是我国完全陷入包围之中"。日本

① 西浦進『昭和陸軍秘録—軍務局軍事課長の幻の証言』日本経済新聞出版社、2014年、335頁。
② 佐藤賢了『弱きが故の戦い（大東亜戦争への足どり）』155頁。
③ 波多野澄雄・茶谷誠一編『金原節三陸軍省業務日誌摘録　前編』429頁。

如果对苏开战，苏联的确会陷入危机，但这也会给正与德国交战的英国带来危机，美国为了救助英国，肯定会向日本施压。战争刚刚结束之际，币原喜重郎内阁为了查明开战原因，曾专门成立了战争调查会①（有泽广巳被任命为该调查会的委员）。冈田菊三郎在开战前任陆军省战备课课长，他曾多次参与国力评估工作。他向战争调查会证实，当时反对北进方案的原因，与西浦提到的石油消耗问题有关。冈田表示，当时参谋本部认为，要想依靠 30 个师团、150 架飞机的力量打败远东地区的苏军，"需要半年左右的时间"。

> 这个方案不行。石油怎么办？把现有库存用完后，无法持续供应。俄国②被日本在东西伯利亚打了一下，如果俄国自此解体了还好，但人家又缓过来了怎么办。我方连一滴石油都没有，什么也干不了。那个时候还想从英美得到石油吗？从国际形势推测，英国与德国正在打仗，德国还正与俄国打仗，此时日本如果再去拱火，就别想从英美那里得到石油了。总结起来，如果日本向俄国宣战，来自英美的石油就会断供，只能靠自己的库存去打仗。对于一场耗费 30 个师团半年时间的战斗来说，所需的石油供应无法跟上是不行的。所以我们认为，这个方案不成立。③

假设苏联崩溃，被德日分割占领，靠近阿拉斯加的东西伯利亚有可能被划入日本的势力范围。7 月 12 日，参谋本部作战部部长田中新一亲自起草了对苏战争的指导方案，其中提出"将东西伯利亚的主要地区纳入日本的实际控制下"，"考虑到美苏及日美关系的变化，堪察加半岛的所属问题应尽量通过外交渠道解决，

---

① 井上寿一『戦争調査会—幻の政府文書を読み解く』講談社現代新書、2017 年。
② 此处指苏联。——译者
③「岡田氏談話」広瀬順晧監修『戦争調査会事務局書類 第 8 巻 15 資料原稿綴二（下）』ゆまに書房、2015 年所収、300—301 頁。

总之要慎重而果断地行使武力"。① 对美国来说，这种局面在国防层面上是无法接受的。

　　总之，日本对苏联开战实际上意味着"对英美苏开战"。上文写道，7 月 1 日，参谋本部第二课和陆军省军务局军事课、军务课召开了研究大会，军务课的石井秋穗说："如果对苏开战，就得承受来自美国的全面禁运。"这是针对第二课课长服部卓四郎所主张的尽早对苏开战而说的。② 7 月 17 日，参谋本部第 20 班举办了关于《对苏战争指导纲要》的报告会，听众为参谋本部及陆军省军务局军事课、军务课的人。7 月 23 日，从陆军省传达下来的意见认为，北进的做法实际上将使日本不得不在"南北两面同时作战"。原文如下。

　　　　陆军省判断，北方是"希望"，南方是"必然"，若北方有事则南方必起火，此后一年以内，将陷入南北两面同时作战的境地。③

　　上文已述，对于形势的这种判断，是陆军省军务局在德苏交战正酣时做出的。《德国》的内容在 6 月已经写好，所以军务局在反对北进方案时，有可能直接使用了报告内容，也有可能基于这些内容强调"德苏战争陷入持久战后，日本若对苏开战只会陷入消耗战，而且单是考虑到南北并进带来的巨大压力，就能明白不如只向南进以获取资源"。

　　在强烈反对北进方案的主张里，有人提出应为保障资源和南进基地而向法属印度支那南部进发，陆海军内对此基本没有异议。7 月 3 日，日本发布了准备向法属印度支那南部进发的命令。14 日日本与法国（维希）政府开始交涉，21 日法国接受了日军进驻

① 防衛庁防衛研修所戦史室『戦史叢書　大本営陸軍部大東亜戦争開戦経緯〈4〉』294 頁。
② 防衛庁防衛研修所戦史室『戦史叢書　大本営陸軍部大東亜戦争開戦経緯〈4〉』275 頁。
③ 軍事史学会編『大本営陸軍部戦争指導班　機密戦争日誌　上』136 頁。

的要求，28 日日军开始进驻。美国立即对此做出反应，7 月 25 日冻结日本在美资产，8 月 1 日停止对日本出口石油。美国的强硬态度既是对日本进驻法属印度支那南部的反应，也是为了牵制日本，阻止其北进。为了帮助英国，美国需要保卫英国的敌人的敌人，即苏联。为了保卫苏联，美国有必要"让日本的决策者不敢涉险北进，让他们对南方和日美关系感到不安和担忧"。[①] 如此一来，日本无法获得石油，8 月上旬就放弃了在 1941 年北进的方案。9 月 6 日召开的御前会议通过了《帝国国策施行要领》，该要领提出，"帝国为了实现自立自卫，不惜对美（以及英、荷）发动战争，10 月下旬前须完成战争准备"，"依靠外交谈判，若至 10 月上旬仍无实现我要求之可能，则决意对美（以及英、荷）开战"。[②]

最终，无论是北进还是南进，都没能避免与英美的战争。值得一提的是，因为没有选择北进，所以日本避免了与英、美、苏三国同时作战，直到 1945 年 8 月。迫水久常在战争结束之际担任铃木贯太郎政府的内阁书记官长，他在战争结束后与江藤淳曾有一段对话。他在对话中谈道："日本陆军唯一的可取之处就是正确地评估了苏联的实力，如果当时评估失误，恐怕就出兵了……那样的话，日本就会被分割为北日本和南日本吧。正确地评估了苏联的实力，并且直到'太平洋战争'结束都对其怀有恐惧之心，这才能有今天的日本啊。所以能给陆军加分的事项，就是正确地评估了苏联。"对话中他还介绍了"某人"的观点，"某人"认为"对苏的正确判断，是陆军唯一的优点"，他也同意这一观点。[③] 下一章将会探讨，对于秋丸机关的报告内容，虽然不能说它起到了避免"对英美开战"的作用，但至少可以认为它起到了避免让日本陷入"对英美苏开战"的更加悲惨的境地的作用。

---

① ウォルドー・ハインリックス、酒井哲哉訳「「大同盟」の形成と太平洋戦争の開幕」細谷千博・本間長世・入江昭・波多野澄雄編『太平洋戦争』東京大学出版会、1993 年所収、175—176 頁。
② 参謀本部編『杉山メモ　上』、312 頁。
③ 江藤淳『もう一つの戦後史』講談社、1978 年、32—33 頁。

第五章　为什么决定开战？

岩畔大佐与新庄大佐想要传达什么信息？

　　根据秋丸次朗的回忆，秋丸机关向领导层汇报后，作为军事课课长下令组建秋丸机关的岩畔豪雄赴美参与日美谈判，并且从美国带回了"从当地获得的美国经济调查报告"。在秋丸的回忆中，"该报告明确地写道，日美两国经济力量的对比是1:10乃至1:20，这显然与我们秋丸机关的调查结果一致。我们建议属于'推进和平派'的岩畔大佐向大本营政府联络会议详细说明情况。从他回国至1941年8月中下旬的这段时间，他一直都在努力促使领导层慎重考虑开战的问题"。①

　　岩畔回国时带回的调查报告，是和他一同赴美的主计大佐新庄健吉起草的。新庄的原报告目前还未发现，但是从中摘录的内容出现在岩畔的回忆文章中。这些内容与岩畔参与的日美谈判工作有关，详细内容在表1中有介绍。②

　　岩畔以报告中的数据为基础，对如何处理此后的日美关系提出了三个方案。第一个方案是对美开战，第二个方案是恢复日美正常外交关系，第三个方案是观望（骑墙）。对于第一个方案，他认为日美的战斗力不可同日而语，即便日本能获得短期的胜利，也很难获得长期的胜利，所以建议避免鲁莽开战。第二个方案是通过谈判达成妥协，但日军为此得从法属印度支那及中国全

---

① 秋丸次朗「大東亜戦争秘話　開戦前後の体験記—秋丸機関の顛末を中心に」13頁。
② 岩畔豪雄『昭和陸軍　謀略秘史』329頁。

面撤军，也不容易做到。可是为了日本的生存大计，这个方案还是优于第一个方案的。如果选择第三个方案，在无法抑制日本国内高涨的开战热情的情况下，很有可能发生军事政变或者内乱，主战派可能会借此上位发动对美战争。所以，岩畔认为应该坚持第二个方案。①

表 1 日美经济力量对比

主要项目	美国	日美比例
钢铁生产能力	9500 万吨	1:20
石油产量	1.1 亿桶	一比数百
煤炭产量	5 亿吨	1:10
电力产量	1800 千瓦*	1:6
铝产量	计划产量 85 万吨	1:3
	实际产量 60 万吨	1:6
飞机的计划产量	12 万架	1:5
汽车产量	620 万台	1:50
船舶拥有量	1000 万总吨	1:2
从事工业的工人	3400 万人	1:5

* 原文如此。——译者
资料来源：岩畔豪雄『昭和陸軍 謀略秘史』日本经济新聞出版社、2015 年。

8 月 15 日回国的岩畔于 18 日向陆军省、19 日向参谋本部、20 日在皇宫内召开的政府大本营信息交流会上做了回国报告。据岩畔说，虽然除首相近卫外，内大臣木户幸一、宫内大臣松平恒雄、侍从长铃木贯太郎、侍从武官长莲沼蕃都认真地听了他的报告，但陆海军中真正把他的报告听进去了的，只有军务局局长武藤章与参谋本部欧美课课员杉田一次。刚做完回国报告，岩畔就

---

① 岩畔豪雄『昭和陸軍 謀略秘史』330—332 頁。

受命离开日本,被派往驻法属印度支那的近卫步兵联队,任第5联队长。岩畔认为他是因为主张不要对美开战而被下放了。[1] 那份调查报告的起草人新庄健吉,在太平洋战争开战前夕的 12 月 5 日,在美国病亡。[2]

如此看来,岩畔豪雄为了阻止对美开战所做出的努力,还有新庄健吉写成的调查报告,在当时广为人知。但如果仔细推敲,就会对岩畔的话产生疑问,其所言都是事实吗?恐怕陆军几乎没有把新庄写的调查报告当回事才是事实吧。关于这项调查,秋丸次朗的顶头上司、主计课课长远藤武胜在 1970 年 12 月接听三轮公忠打来的询问电话时回答:"虽然都说那是新庄大佐写的调查报告,但其实报告依靠的是商社方面的人提供的材料。"[3] 美国的国家力量非常强大,这一点不言自明,这不会引起陆军的格外关注的,有没有论证过程都不重要。国策研究会的当家人矢次一夫曾写道:"岩畔从美国回国后就一直宣扬日美不能开战,经常展示他带回来的厚厚资料。那些资料显示着美国经济、军事力量的强大。他也多次给我展示过资料,讲他的观点,但我记得陆军内部对他的观点反应冷淡。正因为他在访美前(1938—1939)还是个热心推动日德意三国结盟的人,这件事只会让人们认为他是个'精明且善变'的人。"[4]

当然,报告是由新庄整理撰写的,岩畔以此为基础做报告,说明他的确对与美国开战一事持悲观态度,但是新庄和岩畔对开战是否持绝对反对的意见,这一点并不明晰。盐崎弘明曾指出 [5],1942 年 3 月 4 日,曾和岩畔一起参与日美谈判的井川忠雄就新庄和岩畔的观点对大藏公望(东亚研究所副总裁)说过这样的话。

① 岩畔豪雄『昭和陆军 谋略秘史』332—337 页。
② 盐崎弘明『国内新体制を求めて一両大戦後にわたる革新運動・思想の軌跡』九州大学出版会、1998 年、20 页。
③ 三輪公忠「対米決戦へのイメージ」262 页。
④ 矢次一夫『昭和動乱私史 下』経済往来社、1973 年、94 页。
⑤ 盐崎弘明『日英米戦争の岐路—太平洋の宥和をめぐる政戦略』山川出版社、1984 年、240 页。

已故的新庄大佐说过，美国的对日战争准备晚了好几年，现在就算和美国打起来，日本也丝毫不用担心。

岩畔大佐也认为，反正日美之间的事情无法理顺，早一天开战对日本来说是有利的。[1]

尽管新庄和岩畔对与美国开战一事持慎重的态度，但这个态度究竟是"绝对应该避免战争"呢，还是"应该尽量避免战争，如果避免不了，就要趁着美国还没准备好尽早开战"呢？这一点很难判断。

而且，在皇宫以外的地方，岩畔并不坚决主张上文提到的第二个方案，而只是介绍日美谈判的过程。如果他提出从中国全面撤军以协调日美关系的建议，那么陆军省、参谋本部肯定会有强烈的反应（与秋丸机关的报告中提出应避免对美开战的情况一样），但是事实上没有。[2]此外，将岩畔调往近卫步兵联队任第5联队长，这是在岩畔回国前就定下来的人事调动计划，与他回国后的报告内容并无关联，这是很多人都可以证明的事实。[3]

向秋丸次朗下令筹建"经济谋略机构"的是岩畔，据有泽讲，"起初他常来秋丸机关，但后来就不见人影了"。[4]战争结束后，岩畔很少提到秋丸机关，但在1956年写的回忆文章《准备好的秘密战》中，简单地介绍了陆军中野学校、陆军登户研究所、关东军第731部队、总力战研究所等，并把秋丸机关（岩畔称其为"经济战研究所"）和这些机构放在一起做了介绍。对于有泽广巳和中山伊知郎等人加入后的情况，该文写道："这些学者细致

---

① 『大蔵公望日記　第四巻—昭和十七～二十年』内政史研究会・日本近代史料研究会、1975 年、15 頁。
② 防衛庁防衛研修所戦史室『戦史叢書　大本営陸軍部大東亜戦争開戦経緯〈4〉』497 頁。
③ 矢次一夫『昭和動乱私史　下』95 頁。防衛庁防衛研修所戦史室『戦史叢書　大本営陸軍部大東亜戦争開戦経緯〈4〉』498 頁。
④ 有沢広巳（聞き手・早坂忠）「戦中・戦後の経済と経済学—ワイマールと現代」100 頁。

调查各国情况，为日本战争策略的推行做出了巨大贡献。"[1] 但是，如上文所述，岩畔于 1941 年 3 月赴美，8 月回国后没几日就离开了日本。他对于秋丸机关的实际活动到底掌握到什么程度是一个疑问。对于岩畔的这些表述，秋丸次朗写道："他未必了解实际情况。"[2] 这大概才是事实吧。

陆军省战备课的评估

1941 年 7 月，日军进驻法属印度支那南部地区，美国宣布对日本实施严厉的经济制裁，停止向日本出口石油，因此日本对美国开战的氛围逐渐浓厚。陆军大臣东条英机下令，要求陆军省战备课以 11 月 1 日开战为预想，再次评估国家的物质力量。设想的四种方案为：在北方动武、在南方动武、进攻重庆（德苏开战后来自苏联的威胁减弱，进攻蒋介石政权的所在地重庆，以此了结日中战争）和维持现状。这四种方案都需要分析国家物质力量可能出现的变化。

战备课课长冈田菊三郎分别在 8 月 6 日、8 月 7 日向参谋本部的部长级、课长级干部，以及参谋总长杉山元汇报了对于国家物质力量的评估（与此同时，秋丸机关有可能以"陆军省的研究"为题也做了汇报）。这份评估报告认为，在北方动武、进攻重庆、维持现状这三种方案不会涉及船舶的问题。但若在南方动武，陆军和海军需要向民间征用船舶，民用船舶装载量在作战开始后将会下降至约 130 万总吨。六个月后，由于陆军的需求减少，数量又会有所回升。在装载量降至 130 万总吨的情况下，民用船舶能够承担的物资运输总量，只能满足制钢原料和大米的运输需求的 80%，煤炭、肥料、大豆、各种矿石、棉花、盐等的运输需求的

---

① 岩畔豪雄「準備されていた秘密戦」『週刊読売　臨時増刊　日本の秘密戦』読売新聞社、1956 年所収、21 頁。

② 秋丸次朗「経済戦研究班後日譚—『陸軍経理部よもやま話』追補として」4 頁。

40%，其他物品的运输需求的 10%，"这样下去国民将无法生存"。因此若在南方动武，陆海军"绝对要"将征用的船舶的装载量控制在 300 万总吨以内。也就是说，单从船舶的角度而言，在南方动武的选项就存在极高风险。

另外，若直接在北方动武，会消耗大量石油。若先在南方动武，然后再向北方进攻，尽管也存在不足之处，但毕竟有可能在 1945 年之后实现石油自给，所以"先南后北的策略比先北后南的策略安全系数高"。如果考虑到后期无论是向南还是向北都会大量消耗燃料的情况，进攻重庆的方案是很难实现的。若选择维持现状的方案，即使想方设法让航空燃料的供应维持到 1943—1944 年前后，也难以保障汽车燃料的供应。因此，战备课得出的结论是"如果只考虑石油的话，选南方为上"。[1]

战备课的态度是，从船舶的角度考虑，否定向南方进攻的方案；从石油的角度考虑，肯定向南方进攻的方案。冈田菊三郎在战争结束之初回忆道："在英国、荷兰的经济压迫下，日本如果一直隐忍下去也许会有光明的前途。但遗憾的是，日本认识到那样下去无法创建出强大的日本，从而断然决定开战，可是又没能对两年以后的产业经济形势做出正确的评估。"[2] 其实他的意思是，应从船舶的角度考虑问题，决策需要慎重。可是，事实上他的意见被反向理解了（下文详述）。

总力战研究所的演练活动

1941 年 10 月 4 日，秋丸次朗奉命兼任总力战研究所的所员。[3] 该研究所是内阁的附属组织，于 1940 年 9 月正式宣布成

---

① 防衛庁防衛研修所戦史室『戦史叢書　大本営陸軍部大東亜戦争開戦経緯〈4〉』475—479 頁。
② 岡田菊三郎「開戦前ノ物の国力ト対米英戦争決意」広瀬順晧監修『戦争調査会事務局書類　第8巻　15　資料原稿綴二（下）』所収、424 頁。
③ 秋丸次朗「自譜」17 頁。

立。秋丸在总力战研究所的演习审判部（指导与评估进修生的"演练"活动的部门）任职，1941—1942 年在"经济战审判部"任负责"经济战的基本内容"的演习主务。①1942 年 7—8 月，秋丸在总力战研究所内部以"经济战史"为题授课。他利用最新的数据，更新了《英美合作经济抗战力调查》的结论，认为"经济战作为此次大战中的破坏性手段，应将打击的重点放在船舶运输力量上，美英经济抗战力的最大弱点就在这里"。②秋丸还主张"改善货币政策、贸易统制政策、船舶运输能力，以此保障来自南方的物资供应"，获得来自南方的丰富资源，以增强日本的经济抗战力。③

总力战研究所这一机构因"其在太平洋战争开战前就预测到日本必败的结局"而广为人知。④该研究所曾在 1941 年 8 月末就其开展的模拟演练（Role Playing）的结果进行过讲评，还由该所的成员和进修生做过报告，最终结论是，"对美英战争的结局就是日本失败"。做报告的时候，首相近卫文麿、陆军大臣东条英机等大臣、企划院总裁、陆海军的相关人员都参加了，所以说日本的领导层皆知"对美英的战争，日本失败的可能性很大"。

这项模拟演练是总力战研究所在 1941 年夏天做的。大家过于关注这次演练的结果，以致没有意识到，总力战研究所并不是研究机构，称这里为教育机构才更恰当。一些早年曾在欧洲留过学的陆军军人（辰巳荣一、西浦进、高岛辰彦等）注意到，英法德的高级教育研究机构（英国的帝国国防大学等）不区分文官武官，只注重培养人才，受此影响，他们推动建立了这一机构。以

① 市川新「総力戦研究所ゲーミングと英米合作経済抗戦力調査シミュレーションの接点」『流通経済大学論集』第 40 巻第 4 号、2006 年、28—29 頁。

② 『昭和十七年自七月至八月講義 秋丸陸軍主計大佐講述要旨 経済戦史』1943 年 1 月総力戦研究所調製、1952 年 10 月保安研修所複製（防衛省防衛研究所史料閲覧室所蔵、登録番号中央—一般その他—197—2）、47—56 頁。本資料承蒙荒川憲一の講解。

③ 『昭和十七年自七月至八月講義 秋丸陸軍主計大佐講述要旨 経済戦史』56—66 頁。

④ 猪瀬直樹『昭和 16 年夏の敗戦』中公文庫、2010 年等。

现在的标准衡量，这一机构带有"研究生院"的性质。[①] 在为这一机构命名时，一度考虑过"国防大学"，但因有人说"如果叫国防大学却又不归文部省管辖的话，会有人提意见的"，所以由西浦进（他是该机构的促成者之一）起草的《成立纲要草案》中将其暂称为"总力战研究所"。[②] 西浦可以证实，时任军事课课长岩畔豪雄、企划院调查官秋永月三曾协助创建总力战研究所。[③] 在总力战研究所从事兼职工作的除秋永外，还有陆军省军事课课长真田穰一郎、战备课课长冈田菊三郎、商工省物价局总务课课长美浓部洋次等。[④] 与岩畔和秋永关系较深厚的秋丸次朗与这里牵扯上关系，也是极其自然的事情。总力战研究所是内阁直属机构，经 1940 年 8 月的内阁会议批准，于 9 月正式成立。从 1941 年 4 月开始，此处招收来自各政府机构和民间的进修生，开展教育训练。教育内容中除了有"课程"外，还很重视"演练"〔类似现在的 Role Playing 或问题（项目）驱动教学法（Problem〔Project〕-Based Learning，PBL）等主动的学习方式〕等活动训练，预测出日本最终会失败的"演练"项目（1941 年 8 月）就是这种教育模式下的一个组成部分。

总力战研究所最初的定位只不过是一个以克服各部门各自为政的弊端为目的的官僚培训机构。[⑤] 把根据演练得出的研究成果转化为政策等事情，完全不在机构考虑的范围内。关于 1941 年 8 月的演练活动，参谋本部欧美课课员杉田一次曾说"这些演练的内容，当时我们完全没有听说过"。[⑥] 该机构的促成者西浦说："总之就是让大家聚在一起，七嘴八舌地讨论一番，给大家提供自由

---

① 粟屋憲太郎・中村陵「総力戦研究所からみる日本の「総力戦体制」」『『総力戦研究所関係資料集』解説・総目次』不二出版、2016 年所収、15—16 頁。

② 西浦進『昭和戦争史の証言　日本陸軍終焉の真実』日経ビジネス人文庫、2013 年、193 頁。

③ 西浦進『昭和陸軍秘録—軍務局軍事課長の幻の証言』278 頁。

④ 粟屋憲太郎・中村陵「総力戦研究所からみる日本の「総力戦体制」」22 頁。

⑤ 粟屋憲太郎・中村陵「総力戦研究所からみる日本の「総力戦体制」」18、26—28 頁。

⑥ 杉田一次『情報なき戦争指導—大本営情報参謀の回想』198 頁。

讨论的平台而已。"[①] 他还说道："虽然我也希望这里能提出了不起的战争理论，但即使得不出什么结论，只要让陆海军的人和普通的青年文官在一起生活短短一年的时间，围绕国防的主题进行讨论，我相信就有巨大的价值。"[②] 他终归是将其当作一个教育机构来看待和评价的。应该说，正因为这个研究所是教育机构，才可以在其中自由地讨论，也正因为是教育机构，才未能把研究成果反映到政策中去。

1941 年初，总力战研究所提出，在日本与美英开战的情况下，尽管进入持久战后美国在经济力量上占优势，但在开战初始阶段，由于日本在武装力量方面有优势、美国国内存在民族问题及思想问题，"日德意对英美的战争""只要不陷入持久战，对方就没有对日本的胜算"，也就是说，对美国的战争只要不陷入持久战就有胜利的希望。[③]1941 年 12 月 15 日，太平洋战争刚开始，该所就建议，在结束"大东亚战争"之后要准备与苏联进行决战，为了备战，需要整备国家力量。[④] 以上都是该所"演练"得出的结论。可见，其建议的内容很丰富，如果只关注 1941 年 8 月那一次的"演练"结果，是不够全面的。

对总力战研究所以及该机构的研究成果的评价，确实存在夸大其词的一面，其实它作为"教育机构"取得的成绩更加重要。西浦曾说："当时聚在研究所的人们，后来都成长为各政府部门堪任次官职务的人才。我多次听到这些人说，[⑤] 在总力战研究所时期的所学，为他们处理战后问题提供了帮助。"总力战研究所具备的"研究生院"的职能，在培养战争结束后的社会栋梁方面发挥了作用。

---

① 西浦進『昭和陸軍秘録—軍務局軍事課長の幻の証言』278 頁。
② 西浦進『昭和戦争史の証言　日本陸軍終焉の真実』193 頁。
③ 「昭和十六年度初頭ニ於ケル　総力戦の内外情勢判断〈極秘〉」粟屋憲太郎・中村陵編『総力戦研究所関係資料集　第 1 冊』不二出版、2016 年所収。
④ 「昭和十六年度綜合研究第四回研究課題答申　戦争ニ伴フ国力整備〈機密〉」粟屋憲太郎・中村陵編『総力戦研究所関係資料集　第 2 冊』不二出版、2016 年所収。
⑤ 西浦進『昭和陸軍秘録—軍務局軍事課長の幻の証言』279 頁。

　　总力战研究所开展的教育以"演练"为核心，这与官僚们曾在大学接受的以讲座、传授知识为中心的教育极为不同。该所的首任所长饭村穰曾长期在陆军大学任教官，1938 年担任该校校长。他说："陆军大学的教育，与传授知识相比，更重视培养观察力、思考力、判断力，比较注重锻炼大脑，就好比是对大脑进行的体操训练，不，是更激烈的剑术训练。我觉得这种教育方式挺好。如果一个人具备了这些能力，遇事时就能找到妥处之道。"饭村认为陆军大学的教育，"与传授知识相比，更重视培养观察力、思考力、判断力"。因而他在总力战研究所这一教育机构推行的教育方式——与讲座相比——更注重演练。

　　　　我作为总力战研究所第一任所长，推行的是陆军大学那种教育方式，陆军大学采用的是与高等司令部的演习相同的做法。具体的做法是，假设日本在 1941 年 7 月从南方获取了石油，让 35 名进修生扮演这种情境中的首相，各政府机构的大臣，企划院、日本银行、情报局等机构的人员，模拟演练日本此后将会出现什么情况……对于这种教育方式，不知人们如何评价。这些进修生还是很喜欢这种以锻炼大脑为目标的教育方式的。其中一位进修生是女子高等师范学校的教授，每周都向其所在单位的教授会汇报这种教育方式的相关情况。鲇川义介从满业总裁转任负责煤炭事务的国务大臣后，很认同这种纸上演练的做法。他在处理其煤炭业务时，也采用过这种纸上演练的办法。[①]

　　第七章将提及鲇川义介所做的模拟演练活动。此处需着重指出的是，饭村所说的那位"女子高等师范学校的教授"，是文部省于 1941 年 4 月派往总力战研究所的第一批进修生中的一位，

---

① 飯村穣『続兵術随想—国際政治戦略雑感』日刊労働通信社、1970 年、241—242 頁。

此人名叫仓泽刚,当时是东京女子高等师范学校(现在的御茶水女子大学)的助教授。1941 年夏季进行演练活动时,他扮演文部省次官的角色(以下内容为市川新的研究成果)。[①] 仓泽在其于 1944 年出版的著作《总力战教育的理论》(目黑书店出版)中提到了他在总力战研究所的学习经历,他建议,教育应该从以知识为中心的方式向经验学习的方式转变。

第二次世界大战结束后,日本的学校教育中新设了"社会科"课程。1947 年,文部省公布了《学习指导要领社会科编草案版》。早期的日本社会科课程的理念,是通过让青少年理解以下三种关系,培养他们融入社会生活所必须具备的各种能力和态度等。一是自己与他人的关系,二是人与自然环境的关系,三是个人与社会制度、社会设施的关系。课程的教育目标共分为十五条。最后一条是"就某项主题进行讨论、学习,培养与人们一起获得知识的习惯,学习如何在社会生活中开展调查、收集资料,学习利用记录、地图、图片统计等的方法,并培养自己制作这些材料的能力"。早期的社会科课程中这种经验主义式的内容,据说是以美国 1943 年版的弗吉尼亚州的"学习课程"为基础制定的。第二次世界大战结束后,东京学艺大学教授仓泽对早期社会科课程理念进行了理论化加工,促进了这一课程的普及与实践。他主张日本在这一课程上应具有独特性。仓泽在总力战研究所时曾体验过的演练活动,一直存在于他的脑海中。引入了战后初期那种经验主义式的课程内容(现在被称为积极学习法)的社会科教育,可能受到了总力战研究所的影响。

一方面,一些民间教育研究运动团体,站在马克思主义的立场上,主张以进行系统的知识教育为目标,批评这种重视积极学习法、经验主义式的社会科教育理念,认为其缺乏系统性。另一方面,这种教育又被保守派批评,保守派称其缺乏地理、历史方

① 市川新「『総力戦教育の理論』に著された社会認識—ゲーミング理論による分析」『社会学部論叢』(流通経済大学)第 17 巻第 2 号、2007 年。

面的常识性知识教育，在培养学生的道德理解力与判断能力方面存在不足。后来，在 1955 年修订《中小学校学习指导要领社会科编》时，将此前"学习如何利用生活经验解决问题"的表述修改为"学习各领域系统性知识"。[①]

众所周知的"正确信息"

秋丸机关的研究成果、岩畔豪雄的报告、陆军省战备课的评估结论，以及总力战研究所进行的演练活动的结果，以上这些来自不同渠道的预测，均多次指出过"对英美开战的困难程度"。若日本对英美开战，短期内暂可应付，但若演变为持久战（2—3 年），日本将陷入困境，当时日本的领导层都知道这个预判。倒不如说，日本与未来的交战对手英美之间巨大的经济力量差距，使得日本难以进行持久战，这是一个不用特意去调查就能明白的"常识"，以上那些研究结论，不过是在以数据的方式告知普通民众日本与英美的国力差距甚大。

秋丸次朗将日美的国力对比设定为 1:20 的分析，以及岩畔豪雄关于日美两国经济力量差距的分析，尽管它们以不同方式进行的说明，但在听众心里，都被认为"说的不过是理所当然的事情嘛"。

日本与英美开战的困难程度，既然人人知晓，为何日本还是走向了开战？那是因为当时领导层的"精神主义"使其做出了"非理性的决策"。

1965 年的《朝日杂志》上刊登了一篇文章，介绍的是评论家久野收、作家石川达三和胁村义太郎参加座谈会的情况。久野在此次座谈会上的发言中，提到了理论经济学家青山秀夫，他当时是京都帝国大学经济学部的助教授。久野与青山二人都曾在

---

① 山本正身『日本教育史—教育の「今」を歴史から考える』慶應義塾大学出版会、2014 年、368—370 頁。

第五章 为什么决定开战？

《世界文化》杂志工作。久野和胁村在座谈会上有如下对话。

> 久野：那时，我看到布鲁克斯·埃梅尼（Brooks Emeny）的《国际资源论》的附表写着美日在钢铁生产量上的对比是10:1。我不禁起疑，这种状态下怎么打仗？我咨询了青山秀夫，他认为"完全没法打"。但是那些话只能私下里悄悄地说，表面上还得和大家一样高唱精神万能主义，争取把不可能的事情办成可能。只要稍微提到数据，就会被视作失败主义。

> 胁村：当时日本有向南方进发的主张，后来执行的就是这一主张。以前的战争是只拿自己所拥有的东西去打仗。但是从第二次世界大战开始，德国从其控制的占领区获取资源，用以扩大战争力量，这是一种新的战争理论。于是日本也效仿德国，向南方进发。主张南进的人认为把南方的资源据为己有后，就能建构绝对不败的机制。但是他们忘了，那真的能据为己有吗？[1]

胁村在听完久野的发言之后说的这番话非常重要。"经济力量的差距巨大""陷入持久战后会失败"这类的话在当时不言自明，所以强调这些内容反而会引入一种逻辑，即"正因如此，才必须要靠战争保障资源"，难以往避免战争的方向去思考。

强烈主张南进的佐藤贤了，在战争结束后是这样说的。

> 战后，以下这种观点成为主流："从生产力角度比较日美两国，钢铁（产量）相差10倍，造船、造飞机能力相差4倍多，只要陷入持久战就没有机会取胜。当时打了一场完全没

---

[1] 座談会「無力だった知識人—戦時体制への屈服」（脇村義太郎、石川達三、久野収）『朝日ジャーナル』第 346 号、1965 年、78 頁（『久野収対話集・戦後の渦の中で 4 戦争からの教訓』人文書院、1973 年所収、223 頁）。

有胜算的仗"。

按照战争的规划原则，在军队的动员计划、各种作战准备以及战争初期的作战计划等方面，是绝对不允许有不确定因素的。如果登陆马来半岛的行动失败，不能占领荷属东印度油田，战争根本不可持续。对于以上这些可能性，军方当然十分清楚。

但是，之后的事情变成了"以战养战"。这场战争的本质是既要坚持以前的"从敌人手里获取粮食"的办法，又要加强生产。首先要在短时间内迅速攻占战略要地和资源产地，保障与本国之间的交通运输，然后要在敌人的正式反攻之前，提高军需生产能力，至少要达到能提供防卫战所需战力的程度。

若在打仗之前就要比较双方的生产能力，这个话题根本无法讨论。[1]

但是，"以战养战"的方法是以"作战顺利"为前提的。佐藤本人也承认，从战争打响开始，"就出现了陆海军征用的船舶数量不断增加的势头，预想中的解除征用的阶段从未到来，而后来船舶的损耗又不断增大，导致这个军需生产上的毒瘤越长越大"。[2]陆军省战备课曾正确地指出过，即使向南方进发，也存在无法将资源运抵日本的风险。过低地评估这个风险是危险的。

大家都知道这场战争是以拥有巨大经济力量的美国为敌人的，日本难以长期作战，因此就"轻视了专家们的分析"。这么做的确不正确，但更应该思考的是，"正确的信息是众所周知的，无需专业性的分析，为何日本最终还是选择了风险极高的'开战'"。

---

[1] 佐藤賢了『軍務局長の賭け—佐藤賢了の証言』芙蓉書房、1985 年、281 頁。

[2] 佐藤賢了『軍務局長の賭け—佐藤賢了の証言』298 頁。

为什么选择高风险选项？（1）从行为经济学的角度分析

为什么当时会做出这种非理性的、高风险的选择呢？从现在的视角观察，笔者想提出一个反论。笔者认为，"如果开战，日本战败的概率很大"这个观点本身，反而成为做出"正因如此，所以才要去赌小概率事件，尽管有风险也必须开战"这一决策的理由。这到底是怎么回事（以下参考了 A. S. Levi 和 G. Whyte 的研究[1]）？

经济学假定"人们会进行理性决策"，但实际上人们经常采取看上去非理性的行动。比如，以下的两个选项，哪个是好的选择？[2]

A 确定必须支付 3000 日元。

B 有八成概率需要支付 4000 日元，有二成概率连一日元也不用支付。

选项 B（以下简称"B"）的期望值是损失 3200 日元（4000 日元 ×0.8+0 日元 ×0.2），比选择选项 A（以下简称"A"）的损失大。假如人们"理性地"进行选择，必然会选择损失较小的 A。但实验结果显示，选择 B 的人比选择 A 的人多（某个实验结果显示，选择 B 的比例是 92%）。这是因为 A 必定会有损失，而 B 有可能避免损失，尽管概率较小。这说明人们在蒙受损失的时候，倾向于采取风险爱好型（追求型）行动。

要分析人们为什么这样选择，可以用近年来发展迅速的行为经济学的预期理论（丹尼尔·卡尼曼因该项贡献获得了 2002 年

[1] Ariel S. Levi and Glen Whyte, "A Cross-Cultural Exploration of the Reference Dependence of Crucial Group Decisions under Risk: Japan's 1941 Decision for War". *Journal of Conflict Resolution*, Vol.41 No.6, December 1997.

[2] 关于数据和预期理论的内容，参考了以下资料。友野典男『行動経済学—経済は「感情」で動いている』光文社新書、2006 年、120—121 頁。

诺贝尔经济学奖）。经济学通常假定，随着财富占有量的增加，效用会相应增加，而预期理论重点关注某个水平（参照点）之上的财富数量的变化。简单地说，把人们目前占有的财富每增加一个单位的情况，与每减少一个单位的情况进行比较后，会发现人们容易高估减少情况下的财富价值。故而，人们在蒙受损失的情况下，希望尽可能地减少损失（规避损失倾向）。A 必定会损失 3000 日元，而 B 有二成零损失的概率，于是人们愿意被那个小概率的零损失吸引。

预期理论中所说的客观性概率，并不会原封不动地成为人们头脑中的主观性概率，它的分量会在人们的心中加重（客观性的二成概率，有可能被想象成主观性的三成概率）。客观性概率与主观性概率的偏离已经被证实。一方面，自然灾害等客观性的不常发生的现象，在主观上则被认为是大概率事件；另一方面，不良生活习惯导致的死亡事件其实是大概率现象，却被认为是小概率事件（所以才会出现"有大量的人购买中奖概率极小的彩票"和"吸烟导致未来患癌的概率极大，但还有大量的人吸"的现象）。人们在主观认识上夸大了 B"一日元也不用支付"的可能性（比如夸大到三成），认为 B 比 A 更好，于是决定选择 B。

用预期理论的观点分析 1941 年 8 月以后日本所处的境况，会发现与刚才提到的 A 和 B 几乎相同。日本选择什么道路，取决于决策者的两种主观判断。

（A）1941 年 8 月以后，因美国对日本采取冻结资金、禁运石油的措施，日本的国力逐渐减弱。若不开战，两三年后日本将确定无疑地"渐衰"而亡，不战而败。

（B）以国力强大的美国为对手开战，这为日本招致毁灭性失败（速衰）的概率非常大。尽管概率很小，但若德苏战争在短期内（不晚于 1942 年）以德国的胜利告终的话，德国就可以从来自东方的威胁中解脱出来。此后，苏联的资源和劳动力将被用于加强德国的经济力量；英美之间的海上运输将被打得七零八落，德国将可实行对英国的登陆作战；日本则可占领东南亚获取资源，用以增加国力；若英国屈服了，而美国还没来得及备战，美国会失去交战意愿，走向议和。为此日本的确会消耗部分国力，但如果能通过议和获得南方的资源，至少可以将国力维持在开战之前的水平上。

如果分析此前介绍过的各项研究的内容（见表2），可以发现以下内容。（A）与陆军省战备课在对国家物质力量开展评估后，于1941年8月提出的维持现状的方案（因石油问题而渐衰）相符。（B）中关于日本可能失败的情境的描述，与以下几个来自不同渠道的设想相符。一是企划院的《应急物资保障计划试行方案》；二是岩畔豪雄以新庄健吉起草的报告为基础提出的主张；三是总力战研究所于1941年8月进行的演练；四是陆军省战备课于1941年1—3月进行的国家物质力量评估，以及同年8月提出的在南方动武的方案（因船舶问题而风险极高）。另外，（B）中关于日本未来不会失败的描述，与总力战研究所在1941年1月提出的建议相符，也与陆军省战备课在同年8月提出的在南方动武的方案（可能在1945年之后实现石油自给）相符，这一方案同样出现在战备课开展的国家物质力量评估的材料中。

表 2　太平洋战争爆发前的各种推演

日本领导人的 主观选项	预想的结果	相应的预测
不开战（A）	两三年后完全丧失国力，不战而败（渐衰）	陆军省战备课开展对国家物质力量的评估后，于1941年8月提出的维持现状的方案（因石油问题而渐衰）

经济学家眼中的日美开战

日本领导人的主观选项	预想的结果		相应的预测
开战（B）	极大概率	毁灭性失败（速衰）	企划院的《应急物资保障计划试行方案》 岩畔豪雄以新庄健吉起草的报告为基础提出的主张 总力战研究所于 1941 年 8 月进行的演练 陆军省战备课于 1941 年 1—3 月进行的国家物质力量评估，以及同年 8 月提出的在南方动武的方案（因船舶问题而风险极高） 秋丸机关日本组的研究、《英美合作经济抗战力调查》《德国经济抗战力调查》中对持久战的描述
	很小概率	英国屈服使美国丧失交战意愿，进行有利于日本的和谈	总力战研究所于 1941 年 1 月提出的建议 陆军省战备课开展对国家物质力量的评估后，于 1941 年 8 月提出的在南方动武的方案（可能在 1945 年之后实现石油自给） 秋丸机关《英美合作经济抗战力调查》《德国经济抗战力调查》中对德国在短期内获胜的情况的描述

可见，当时日本国内开展的多项研究，提出了（A）和（B）两种选项。这些研究都是正确的，在进行理性的思考后会认识到开战是个莽撞的、欠斟酌的选择。但若用预期理论分析，选项越是清楚明白，就越可能成为风险爱好型决策者的依据，他们认为"与维持现状相比，开战后获利的可能性更高一些"。上文写道，陆军省战备课在 1941 年 8 月评估了国家物质力量，军务课高级课员石井秋穗回忆此事时说："当时感觉'打起来也不是肯定没希望'。当然也知道会经受痛苦。大家都同样抱有这种想法吧。"①

如果再认真阅读秋丸机关的研究成果，尤其是日本组的结论和《英美合作经济抗战力调查》《德国经济抗战力调查》，就会发

---

① 防衛庁防衛研修所戦史室『戦史叢書 大本営陸軍部大東亜戦争開戦経緯〈4〉』479 頁。

现这些成果对于（B）的预估内容做了详细论述。

> 日本组的研究指出，以日本的国力，再去打一场相当于两场日中战争的规模的战争，是无法支撑下去的。综合《英美合作经济抗战力调查》《德国经济抗战力调查》可以得出结论，尽管德国的确是在打击英美在船舶运输能力上的弱点，但是德国自身在经济力量上也有上限。美国自不必说，光是让英国屈服都是很困难的事。随着时间流逝，美国的军事力量将愈发强大。也就是说，日本一败涂地的概率非常大。

> 另外，若德苏战争在短期内以德国的胜利告终，德国获得苏联的资源和劳动力后向南非进发，提高自给能力，加强经济与军事力量，就有可能尽早地让英国屈服，美国则会失去交战意愿，日本也许就可以在获得南方资源的情况下推进议和。也就是说，对日本来说，存在一种概率极小的、走向议和的可能性。

当然，加入秋丸机关的人员偏重第一种可能性，但秋丸机关是陆军内部的组织，而且第三章曾写道，其目的在于开展准确的研究，所以没有主张"日本完全没有取胜的可能性"，并且还指出，尽管很小，但依然存在避免战败的可能性。在进行理性判断的前提下，应该是可以得出"避免开战"的结论的。但是若用更加接近人们真实选择的预期理论分析，这些研究成果则变成了得出"开战"结论的依据。

赤松要（当时在东京商科大学）接受参谋本部苏联组的委托，于1940年前后，参与了测算苏联经济力量的工作，因此他也与陆军有些关系。在上文提到的1971年召开的座谈会上，他询问中山伊知郎和有泽广已："听说那个'秋丸机关'的研究报告认为就算与美国打仗也没关系，这种传闻……"，中山和有泽都否认有此事。[①] 尽管加入秋丸机关的人员希望避免战争，并且在这种思想倾向下写出了报告，但报告最后却被陆军当成了得出完全相反的结论的基础材料。

为什么选择高风险选项？（2）从社会心理学的角度分析

如果冷静地（理性地）进行判断，从 A 和 B 中选择期望值更高（可预见的损失较小）的 A 的可能性是存在的。实验结果也显示，尽管选择 B 的人较多，但一定存在选择 A 的人。因此，按照经济学通常的假定，若日本进行理性决策的话，不会做出"开战"这种预期损失更大的决定。

战争结束后，人们多次强调，不开战是"理性的"。1951 年 1 月中旬，外务省政务局政务课课长齐藤镇男（后来历任驻印度尼西亚大使、驻澳大利亚大使、驻联合国大使）按照首相吉田茂的指示，开展了审视过去的日本外交的工作。最终，齐藤与同事们整理出了外务省文件《日本外交的过失》（1951 年 4 月 10 日）。在这份文件的结语部分，关于对英美开战的决定，有如下表述。

假如那时日本能隐忍持重，没有加入战争，结果会怎样？正因为那时把战争当成了前提，所以才会出现石油不足、碎钢不足、渐衰的现象。只要不加入战争，就不会出现连"活下去"都很困难的情况。即便美国终究会介入欧洲战争，在美国参战后，日美之间也可以谈判（这是以日本绝对不加入战争为原则展开的设想）。也许有人认为如果日本真的这样做，战争结束后，有可能陷入被国际孤立的状态，那日本可太倒霉了。可是，目前英美一方正在与西班牙逐渐靠近。因为苏联已经显露出了成为国际社会的头号敌人的迹象，

---

① 座談会「経済政策論の発展過程およびその周辺」62 頁。

所以日本没有理由不去那样做。总之，抓住机会，像西班牙那样保持中立的态度更为理性。①

时至今日，依然有人提出以下这样的意见：西班牙即便有着亲轴心国的身份，但还是保持了中立，并依靠冷战改善了与美国的关系，日本不也可以选择这样的道路吗？②

日本的情况当然不同。日本当时与中国处于战争状态，美国不可能无视蒋介石政权而与日本改善国家关系，所以与西班牙相比，日本更难以维持中立。另外，更应该关注的问题是决策机制。在西班牙内战中获胜的佛朗哥建立起独裁体制后，能够以强悍领导人的自上而下的影响力做出决策。1940 年对英国进行的战略轰炸，反而让英国离失败越来越远。而佛朗哥知道西班牙的国力已达上限，尽管希特勒再三要求他参加对英战争，他也没有答应。

而日本不存在拥有强大影响力的领导人物。第二章曾写道，明治宪法下的决策功能存在缺陷，为了打破这种局面，1940 年出现了新政治体制运动，但是最终受挫。

因此，在左右日本命运的 1941 年，日本的决策体系处于“多元领导、难以统一”的状态。③ 服部卓四郎在战争结束后曾写道："日本的战争指挥工作，虽然是由陆军、海军和政府三方协商决定，但实际上经常缺乏统一的思想、政策决断及一贯性。"④

社会心理学的研究显示，在这种“集体决策”的状态下做出的决策，与个人做决策时相比，更容易走向极端。慎重的人们在进行集体决策时，会选择慎重的选项，反过来，不怕危险的人们

---

① 小倉和夫『吉田茂の自問―敗戦、そして報告書「日本外交の過誤」』藤原書店、2003 年、225 頁。
② 五百旗頭真『日本の近代6　戦争・占領・講和　1941~1955』中公文庫、2013 年、155—157 頁。
③ 森山優『日本はなぜ開戦に踏み切ったか―「両論併記」と「非決定」』新潮選書、2012 年、43—45 頁。
④ 服部卓四郎『大東亜戦争全史（明治百年史叢書35）』原書房、1965 年、140 頁。

在做集体决策时，会向着更危险的方向选择。向着比集体成员的平均值更为极端的方向选择，这种现象被称为群体极化（Group Polarization）。决策内容倾向于冒险的方向的现象，被称为冒险偏移（Risky Shift）。发生群体极化的原因在于，如果表示自己的观点比其他人更为极端（与集体的规范相一致的方向），会给其他的内部成员留下好印象，引起他人注意，提高在集团内部的存在感。也就是说，极端而清晰的意见比模糊不清的意见更具魅力，而且与集团规范、价值相符的议题自然会引起热议，更容易说服集团内部成员。[1] 根据预期理论，原本在个人状态下就容易选择高风险选项，在进行集体决策时，会出现冒险偏移现象，去选择"开战"，去赌这个选项中包含的概率极小的可能性。

若日本能做出西班牙式的选择，那将是一种——从减少牺牲者的意义上看——理想的情况，但是实际上正如小仓和夫所言："只有在经历内战或者与此相似的动荡，并由此催生出一个能够完全控制军事及政治势力的独裁领导人之时，日本才有可能选择西班牙式的做法。"[2] 日本没有佛朗哥那样的"冷静的独裁者"，只能依靠集体决策，最终选择了高风险的选项。

发生在 1940 年的新体制运动，受到三方势力的反对：一是坚守"国体"的观念右翼，二是守卫"议会制民主主义"的政党政治家，三是保卫"私有财产制"的经济自由主义者。这些反对力量使新体制运动受挫，最终维护了明治维新的成果，即明治宪法，以及体现在宪法中的政治经济体系。但同时具有讽刺意味的是，正因为无法改变"多元领导、难以统一"的状态，第二年，日本在不得不做出重大决策之时，选择了踏上对英美开战这条极具风险的道路。

---

① 釘原直樹『グループ・ダイナミックス—集団と群集の心理学』有斐閣、2011 年、64—65 頁。
② 小倉和夫『吉田茂の自問—敗戦、そして報告書「日本外交の過誤」』219 頁。

固化的舆论和苦恼的领导人

1941 年 8 月以后，对于美国的资产冻结和石油禁运政策的后果感受最深刻的，其实是从经济角度讨论战争的专家们。上文提到的陆军省战备课 8 月提交的报告建议，"如果只考虑石油的话，选南方为上"，这就是代表性的事例。借用五百旗头真先生的话："在研究战争经济的专家们看来，冻结日本在美资产以及对日石油禁运这两项政策，已经极其明确地意味着日本的死亡，就像字面意义上的'必死'一样。与此相比，若有万分之一的对美战争的胜算，即使它存在不确定性因素，也算得上一种存在可能性的选项。"[1]

当然，除了秋丸机关以外，很多人的判断也是"不可能打持久战"。但是，正如上文所述，在极易选择高风险选项的环境中，人们过高地估计了"不可能打持久战"的反面，即"如果打短期战还是有可能的"。

负责起草《德国经济抗战力调查》的武村忠雄忆起当时的情况时说过，"日本几乎没有石油，而经济抗战力却由石油储量决定"，因此从对经济抗战力的评估出发，"有一个机会是在 1941 年 12 月开战，然后在第二年内实现停战，这样或许日本就能体面地获得和平"。[2]美国对日本施行石油禁运后，武村就从日本的石油储量的角度思考开战的可能性。相关的详细信息，刊登在综合杂志《日本评论》1941 年 9 月号（8 月 19 日印刷）上，文章题目是"透视今后的日美关系"。武村在此文中详细介绍了美国的经济制裁内容。

> 美国在这一重要战略物资上施加了压力，我国能坚持到何时？我国还有多少石油储量？当然这一数字属于军事

---

[1]　五百旗頭真『日本の近代 6 戦争・占領・講和　1941~1955』78—79 頁。

[2]　増井健一「ひとりの経済学者の思想と行動—第二次世界大戦と武村忠雄」231 頁。

机密，并非我辈所能知晓。8月2日美国海军部部长弗兰克·诺克斯（Frank Knox）在记者会上说过，"日本的石油、汽油大概还能支撑一年至一年半的战争消耗"，若这条消息属实的话，我国的石油资源只能用一年至一年半，那就必须要加紧石油开发与冶炼。我们应该认识到，美国的态度变化，预示着需要我们做出重大决定的时刻即将来临（8月10日记）。[1]

武村既是陆军省主计课的现役军官，又是秋丸机关的骨干人物，他当然知道那个"军事机密"，知道日本有多少石油储量，他是故意这样写的。他引用国外的报道内容，让国民都知道"日本的石油储量只能用一年至一年半"，就是在寻求"做出重大决定"的心理支持。

日军进驻法属印度支那南部后，美国施行了冻结资金、禁运石油等措施。日本国民从报纸、杂志等媒体大张旗鼓的报道中获知了此事，[2] 但那些报道是从"美国给日本施加了不恰当的压力"的角度评论此事的，所以社会舆论倾向于对美国采取强硬态度。据保科善四郎（时任海军省兵备局局长）回忆，近卫文麿想通过与罗斯福总统直接会谈来避免战争，但"美国的报纸曝光了这条消息，还传到了日本。于是亲轴心派和右翼等势力闹腾起来，反美言论横行一时"。[3] 东乡茂德（开战时担任外务大臣）也记下了当时日本国内对美态度愈加强硬的态势。

"对美"谈判暂停后，首相近卫建议举行两国首脑会谈，但美方没有答应。相关消息传到日本后，对于谈判结果的悲观论调盛行，报纸杂志上对英美的态度愈加强硬。普通国民

---

① 武村忠雄「日米関係今後の見透」『日本評論』1941年9月号、143頁。
② 防衛庁防衛研修所戦史室『戦史叢書 大本営陸軍部大東亜戦争開戦経緯〈4〉』470頁。
③ 保科善四郎『大東亜戦争秘史—失われた和平工作』26頁。

一方面受军部宣传的影响，盲目相信本国的强大；另一方面也期待新的发展，把这当成千载难逢的机会，沉浸在不怕与美英一战的冒险氛围里。以东方会（中野正刚的政治团体）一派为中心的势力甚至想搞针对美国的"游行示威"。[1]

近卫文麿因在对美谈判上失去信心，辞去首相一职，10月18日东条英机内阁成立。东条英机就任首相后不久，有议员在议会里发表了有关对美强硬论的演讲。时任陆军大臣（由东条兼任）秘书官西浦进在战争刚结束时，回忆这种现象并讽刺道："这个时期的议会速记稿的内容极为有趣。能看出来究竟是哪些人在当时是强硬论者，到如今又想改口。"[2] 从某种意义上说，日本整体上通过群体极化和冒险偏移的路径，使"冒险式情绪"蔓延开来，对美强硬论变成了社会舆论的主流。

与这种激动的舆论相比，对于日本的军事实力与国力了如指掌的领导层，其态度还算是慎重的。9月6日的《帝国国策施行要领》提出："依靠外交谈判，若至10月上旬仍无实现我要求之可能，则决意对美（以及英、荷）开战。"昭和天皇指示要全力开展对美谈判，首相东条将该要领暂时搁置，表示要重新讨论今后的国策。但是在再次讨论国策的大本营政府联络会议上，参会者依然没有拿出开战后的战略设想来。东乡茂德以外务大臣的身份参加此会，他记得在讨论"美国的战争推进能力"时，"展示了军部等部门就此问题公布的详细且具体的研讨结果"，"美国的兵力几乎全部公开了，不存在什么问题，其生产能力相关内容也已大范围公开，日本完全采信。我们心知肚明，美国的战争推进能力强大，日本目前的工业生产能力望尘莫及"。因此"我们一致认为，若进入战争状态，根本不存在能直接让美

---

① 東郷茂徳『東郷茂徳外交手記—時代の一面（明治百年史叢書 36）』原書房、1967 年、159 頁。

② 西浦進『昭和戦争史の証言　日本陸軍終焉の真実』220 頁。

国屈服的办法"。^①日本的领导层对于美日之间经济实力的差距，其实一清二楚。

保科善四郎的笔记显示，在 11 月 1 日召开的大本营政府联络会议上，海军军令部总长永野修身曾说过，开战后"两年之内还可以打"，但"第三年后，在敌我战力的补充、物资的补给等主要方面，需寄希望于综合力量及国际形势的变化，所以无法预估那以后的事情"。^②大藏大臣贺屋兴宣提出了以下问题："两年之后的事情无法预估，但若美国处于优势，其定欲夺回南部地区。苏联也会指望着这个结果而顽强支撑。若形成这样的持久战，南方还能保住吗？"海军大臣岛田繁太郎回答："无法推算出兵力的巨大差距带来的结果，无法预测。"^③首相东条问："作为首相，我无法根据不清楚的信息做出决定。就连三年后是否会被追责都不知道么？"永野的回答还是"不知道"（参谋总长杉山元回答说"有把握保住占领区"）。^④

在此次联络会议上，陆军省军务局局长武藤章的发言清楚地表达了日本面临的选项。

> 三年后的风险就是物质上的风险。关键是国力。外交谈判失败后只能卧薪尝胆。战争开始后，日本面对的就是没有希望这一风险。最终只能等待国际形势的变化。^⑤

日本面临的风险是"物质上的风险"，是国力问题。换句话说，依托日本的国力，是在"外交谈判失败后只能卧薪尝胆"（在美国施行的资金冻结和石油禁运政策下继续避免开战），还是可以承受"没有希望这一风险"去开战？一方面，军务局局长武藤

① 東郷茂徳『東郷茂徳外交手記—時代の一面（明治百年史叢書 36）』214—215 頁。
② 保科善四郎『大東亜戦争秘史—失われた和平工作』36 頁。
③ 保科善四郎『大東亜戦争秘史—失われた和平工作』37 頁。
④ 保科善四郎『大東亜戦争秘史—失われた和平工作』38—39 頁。
⑤ 保科善四郎『大東亜戦争秘史—失われた和平工作』42 頁。

本人知晓秋丸机关的研究内容，他使用的"没有希望"这个说法，表明他对于开战后的走向持悲观态度。另一方面，他的日美谈判失败后日本国力将在三年后耗尽的预估，也是准确的。

寄希望于"国际形势变化"的决策

在上述预期理论和集体决策导致的冒险偏移的影响下，日本的领导层认为，国际形势的变化会影响结局，说不定会使其向着有利于日本的方向发展，那么现在"开战"与三年后确定无疑的败北相比，还算是个不错的决策。

因《海上护卫战》一书而扬名的大井笃（开战时任海军省人事局第一课的资深课员），在战争刚结束之际，曾进入盟军最高司令官总司令部（GHQ）参谋第 2 部（G2）部长查尔斯·威洛比（Charles Willoughby）管辖的历史课，与部分原陆海军军官和原东京帝国大学经济学部的教授一起，共同编纂"太平洋战争史"（后来该成果以《麦克阿瑟元帅报告》之名出版）。参与编纂的人包括上文提到的服部卓四郎、杉田一次、有末精三（开战时担任华北方面军参谋副长，后担任参谋本部第二部部长）、河边虎四郎（开战时担任陆军航空总监部总务部部长，后担任参谋次长）、荒木光太郎等。某日，大井与老乡服部卓四郎（同为山形县鹤冈市人）在历史课的食堂相遇，二人共同就餐时，大井对服部说："当时你们说能打胜，力主开战，但是现在很难理解你们真的认为能打胜。"服部是这样回答的。

因为我当时坚信德国在欧洲能使英国屈服。只要英国屈服了，美国就会孤立无援，无心继续参与后面的战争，就会答应与日本议和。当时是这样一种思路。我本来还坚信日本海军能够坚持到那一刻，但是没想到你们把商船都搞沉了。[1]

---

① 户高一成編『［証言録］海軍反省会 3』PHP 研究所、2012 年、541 頁。

服部这番话的后半部分，有点讽刺和抱怨大井的意思。1943年11月成立了海上护卫总司令部，大井担任作战参谋，负责对日本的运输船舶的保卫工作。这番话的前半部分则表明，开战的后果要根据"国际形势的变化"，尤其要根据德国之敌美国的动向来决定，开战属于"他力本愿"式决策。用现在的视角审视当时的思路，批评起来当然很简单，但是当时做决策的当事人只能做此选择。

有关 G2 历史课的资料，目前收藏在防卫省防卫研究所内，第三章提到的名古屋大学的《荒木光太郎文书》里也有。《荒木光太郎文书》里收录了服部写的文章《日本的基本战略》（1947年8月28日）。服部在文中分析了太平洋战争开战的过程——并没有采用"美国就会孤立无援"的说法——正如下文所述，采用的是若将持久战"与日本以外的诸多因素结合起来考虑……无法确定持久战的结果，只得决定开战"的说法。

> 经过对持久战的战略考察，以及对国力的考察，得出的结论都没有绝对的把握。尤其是第三年以后的持久战，若与日本以外的诸多因素结合起来考虑，应该说存在大量的可变因素。日本政府与大本营都无法确定持久战的结果，只得决定开战。这是基于1941年秋季的形势而不得不做出的死里求生式选择。[1]

《荒木光太郎文书》里收藏的另外一篇《日本的基本战略》，据推测是由杉田一次执笔的（1947年7月29日）。这篇文章对于开战有如下描述。

> 总之，日本决心要与美英作战了，却没有准备好能使美

---

[1] 「（二）日本の基本戦略（服部第二案）」昭和 22 年 8 月 28 日（荒木光太郎文書 717）。

国屈服的有效方案，只得等待时间流逝和国际形势变化，等待同盟国方面特别是美国放弃战争的时刻。针对对美持久战的战略当然是必要的，但实际上在对英美的战略问题上，陆海军并没有统一的贯穿始终的基本方针。[①]

第四章已提到过，《关于促进结束对美英荷蒋战争的草案》与"陆海军统一的贯穿始终的基本方针"相差甚远，日本在开战时想出的"战略"，就是一边任"时间流逝"，一边观望"国际形势变化"，等待"美国放弃战争的时刻"。日本选择了客观上看起来风险极高的"开战"，是在赌下面这种可能性：与其卧薪尝胆、不断消耗本国国力，不如依靠南方的资源坚持打持久战，在这期间美国也许会出于某种原因（主要是德国尽早使英国屈服）放弃战争。尽管这种可能性很小。

正因为看不清结局，才去发起战争

11 月 5 日召开的御前会议上，通过了上文提到的大本营政府联络会议上讨论过的议题，提出"为了破解危局，实现自立自卫，建设大东亚新秩序，此刻决心与美英荷一战"，"动武的时机定在 12 月初，陆海军要做好作战准备"，将谈判期限确定为"若外交谈判能在 12 月 1 日零时之前成功，则中止动武"，再次通过了《帝国国策施行要领》。[②]"卧薪尝胆"这一选项，指的是即使与美国的谈判不顺利也要避免开战，因为这样做必定会拉低国家实力，所以最终没有获选。借用森山优的话表述即为："外交谈判和开战这两种选项的走向都是模糊不清的。在外交谈判方面，谁也不知是否能与美国谈妥；而一场战争的未来，在开战三年后更无法预测。所以日本并不是不顾结果而选择，而是正因为都不知

①「日本の基本戦略」昭和 22 年 7 月 29 日（荒木光太郎文書 715）。
② 参謀本部編『杉山メモ　上』417—418 頁。

结果会怎样，领导层才达成了一致。"①11 月 26 日，《赫尔备忘录》的出现使日美谈判陷入停顿，日本只好决定选择剩下的唯一选项，那就是"开战"。

12 月 5 日或者 6 日，西浦进从陆军省记者俱乐部的记者那里听说："国民对于东条内阁与美国的谈判结果感到不满。"②1946年，昭和天皇与身边人谈起这件事时说（《昭和天皇独白录》）："石油禁运确实把日本逼入了绝境，当时既然已经是这种境况了，人们抱着侥幸心理，决心打一仗的想法自然而然地涌现了。当时的陆海军中已拥有具备丰富经验的精锐力量，若那时我把主战倾向压制下去，让他们乖乖地向美国屈服，定会使国内舆论沸腾，甚至可能引起军事政变。"③上文已述，实际情况是，因对美强硬论日益盛行，日本舆论的确逐渐沸腾起来了。在这种环境里，在包括陆海军领导在内的领导层都看不清前途的情况下，在开战问题上，甚至可以说，领导层的态度是慎重的。但日本最终还是选择了避开"确定的战败"，赌上"万一的侥幸"，决定开战。借用河西晃祐的话来说："若问今天的我们从太平洋战争开始前的历史中可以学到什么，那应该是，当时的主角们既没有过高地估计日本国力，也没有过低地估计美国国力，但还是选择了战争这条路。'拥有正确的信息，拥有判断力，并不一定就能避免战争'这一事实的可怕之处，现在的主角们依然在用行动证明着！"④

袭击珍珠港大获成功的消息传来之后，大本营陆军部战争指导班在 12 月 8 日的日记中，记下了以下文字。

> 战争首日，一场突袭使全体国民斗志昂扬。可以确认，我们按照预期成功打响了战争，战争指导班体会到无尽的感

---

① 森山優『日本はなぜ開戦に踏み切ったか―「両論併記」と「非決定」』158—159 頁。
② 西浦進『昭和戦争史の証言　日本陸軍終焉の真実』220 頁。
③ 『昭和天皇独白録』文春文庫、1995 年、84—85 頁。
④ 河西晃祐『大東亜共栄圏―帝国日本の南方体験』講談社選書メチエ、2016 年、98—99 頁。

激与感谢之情。

然而，应该怎样结束战争？这是最大的难题。人只有变成了神，才会知道应该怎么做吧。[①]

日本看不清"战争的结局"，并且正因如此才发起了战争。

---

① 軍事史学会編『大本営陸軍部戦争指導班 機密戦争日誌 上』199頁。

第六章 "正确的战略"是什么？

秋丸机关的"战略"发挥过作用吗？

第四章曾写道，秋丸机关对于现状的分析和提出的"战略"，在当时属于常识性的内容。《关于促进结束对美英荷蒋战争的草案》作为日本唯一一份在太平洋战争前建议结束战争的提案，罗列的内容也是当时的常识和愿望。与日本相比，当时的美国在国力上拥有巨大优势。如果两国交战，当日本还处于能利用有利条件与美国议和的阶段时，这种常识性的战略——保障南方的资源，将其用于加强防御，向印度洋方向进发，切断英国与其殖民地的联系，削弱英国的力量——借用秦郁彦的话来评价，那就是："如果把'在 1941 年秋发生的日美战争是无法避免的'当作前提条件的话，在找不到其他替代方案的情况下，应该说'草案'是近乎完美的大战略。"[1]

秋丸机关的报告内容、"草案"的战略，与后来真实发生的太平洋战争之间存在很大差异。反过来看，也正因如此，抱有"如果实行的是在开战之前考虑过的战略，那么日本至少不会败得那么惨"这样的想法也很正常。1945 年 2 月 26 日，参谋本部战争指导班班长种村佐孝向首相东条英机汇报当前形势时，东条曾说过下面的话。

关于是否应该开战的问题，即使在今天回顾当时的情

---

[1] 秦郁彦『旧日本陸海軍の生態学—組織・戦闘・事件』332—333 頁。

况，也觉得除此以外没有其他路可走了。但是在此后的战争指挥方面，有很多值得好好反省之处。开战之前我对于海军实力的评估是错误的，致使初战之后海军就被拖住了；在进攻的尾声阶段我们做错了，初战之后的进攻应该转向印度洋方面；对于石油的判断是错误的；把日满华的燃料设施全都运往南方是错误的；对于德苏战争走向的预判也是错误的。德苏之间原本有机会议和，非常可惜。关于三国同盟的功与过，如今的我也不好说什么，同盟的相关条约有不得单独议和的规定，这实际上束缚了帝国想要结束战争的行动。[①]

　　一个战略，如果无法实施就毫无意义。从结果上说，各种障碍使这种常识性的战略无法实施。但从根本上说，那些问题并不是靠战略就可以解决的。

日本与德国的错位

　　《英美合作经济抗战力调查》认为，美国向英国运输军需用品的船舶不充足，这可以视作英美方面的一个弱点。攻击这些运输船舶的，并不是日本，而是德国。如《德国经济抗战力调查》的"判断"的结尾部分所述，为了向德国提供一些支撑其抗战力的资源，日本应与德国在印度洋上建立联系。为此，在日本占领南方的同时，德国应该占领苏伊士运河地区并向中东地区进发。无论怎样，日本必须与德国（还有意大利）协调行动才有战略效果。1941 年 11 月 6 日，在陆军省的课长会议上，军务课课长佐藤贤了曾说："最困难的是如何结束战争的问题……最为明智的做法是，一方面日本掌控住南方海域，在战略及资源上处于

---

① 種村佐孝『大本営機密日誌』ダイヤモンド社、1952 年、213 頁。

不败之地；另一方面德国在非洲占领达喀尔等地，日德两国遥相呼应，在太平洋、大西洋打击美国的海军、空军，孤立美国。总之，要实现粉碎美国人的战斗意志这一目的，需要日德两国充分合作，更需要两国充分理解这个目的的意义。"[1]

可是，实际上日德几乎没有共同的目标与战略（本部分中没有加注释的信息来自平间洋一的著作和工藤章、田岛信雄两人共同编著的著作）[2]。太平洋战争开始之际，德苏正处于激战之中，在德国的主要敌国名单中排名首位的是苏联，并不是英美。英国的反抗致使德国无法登陆英国作战，美国当时也不是德国主要的攻击对象。日本的情况在第一章和第五章都曾提到过，其主要敌人是英国，然后是美国，与苏联则缔结了《日苏中立条约》。因此，对德国和日本来说，苏联和英国是各自的首要对手，两国的战争目标完全不同。原本日本最希望的是，德国不去攻打苏联，而是专心对付英国，所以当德苏开战的信息传来之时，主张南进的军事课课长真田穰一郎才会喊："啊！希特勒干的蠢事。"[3]

在战略上，德国在要求日本对苏开战（第四章提到过）的同时，还要求日本派遣潜水艇至印度洋，目的是让日本攻击英国船舶，削弱英国的经济力量。但是德国最重视的还是对苏作战，没有优先考虑向苏伊士运河地区进发。日本支持印度独立运动，希望以此打击英国。但是希特勒认为雅利安民族是创造文化的民族，优秀的日耳曼民族与盎格鲁—撒克逊民族应该统治世界，于是他一边与英国打仗，一边向其释放敬意。希特勒还考虑着与英国议和，所以对于印度独立运动持消极态度。日本建议发表"日德意三国关于印度和阿拉伯的共同宣言"，德国以"为时尚早"为由拒

---

① 波多野澄雄・茶谷誠一編『金原節三陸軍省業務日誌摘録　前編』585—586頁。
② 平間洋一『第二次世界大戦と日独伊三国同盟—海軍とコミンテルンの視点から』錦正社、2007年。田嶋信雄「東アジア国際関係の中の日独関係—外交と戦略」及びゲルハルト・クレーブス「三国同盟の内実——九三七—四五年の日本とドイツ」、ベルトホルト・ザンダー＝ナガシマ「日独海軍の協力関係」工藤章・田嶋信雄編『日独関係史一八九〇—一九四五 II 枢軸形成の多元的力学』東京大学出版会、2008年所収。
③ 佐藤賢了『弱きが故の戦い（大東亜戦争への足どり）』153頁。

绝了。希特勒一边在表面上赞赏日本占领英国的殖民地的行动，另一边又说必须马上展开白色人种与黄色人种之间的决战。德国国内也出现了将日本的优势视作危险的黄祸论。德国并不真正信任日本。

日本方面，曾多次要求德国向中东进发。第四章曾写道，《关于促进结束对美英荷蒋战争的草案》预测（说是愿望可能更恰当）德国会与日本遥相呼应，向中东进发，还会加紧进攻英国令其屈服。1941 年 12 月 12 日，军令部总长永野修身曾向德国武官保罗·温内克（Paul Wenneker）建议，停止对苏战争，向苏伊士运河地区进发，把英国的势力从中东驱逐出去。但是，12 月 17 日，德国海军元帅埃里希·雷德尔（Erich Raeder）向日方代表说，日本所期待的登陆英国本土作战是很困难的，依靠空战使英国屈服也是不可能的；今后日德海军每个月若能击沉 80 万 ~100 万总吨的英国船舶，就能使英国屈服，因此德国海军希望日本海军派遣舰艇至印度洋，阻断盟军的海上交通（从德国此时的态度分析，《英美合作经济抗战力调查》的"判断"部分的内容在当时的确是常识性知识）。1942 年 2 月，德国国防军最高司令部作战部部长阿尔弗雷德·约德尔（Alfred Jodl）曾向日本承认，中东方面的作战非常重要，但是德国不得不将重点放在对苏战争上。对此，日方也表示，对苏战争的确重要，但日本最为重视的是在中近东地区的作战，从日中战争的经验出发，也不应该深入苏联腹地。实际上德国内部也在考虑将进攻重点放在中东以及与苏联议和的事情，但希特勒执着于打败苏联，听不进相关建议。

日本与德国在战略上的错位需要进行调整。太平洋战争开始后，日德意三国就缔结军事协定进行了交涉。要求盟友登陆英国作战的日本和谋求进攻苏联的德国，在交涉一个月后决定，两国先搁置苏联问题，日本在东经 70 度以东海域，德国、意大利在东经 70 度以西海域，打击海域内的敌国根据地、船舶、飞机等，强化三国间的信息交换、海上及航空联络。1942 年 1 月 18 日，日德意正式签署了三国军事协定。协定公开之际，为了不刺激苏联，日本曾要求将协定针对的对象明确为英美，但德国毫不理会，大张旗鼓地公开了协定。

1940 年 9 月签署的《德意日三国同盟条约》约定，三国要为调整战争指导理念与作战计划迅速组成混合专门委员会。同年 12 月，三国再次签署协定，约定成立由大使与外交部部长等组成的混合委员会，成立军事专门委员会讨论战略和作战问题，成立经济专门委员会讨论经济合作问题。其实，日德两国对于通过以上委员会开展讨论这种方式，都持消极态度。军事专门委员会正式成立于 1942 年 2 月，那时太平洋战争已开战两个多月了。况且德国还担心日本会向英美泄露情报，日本也担心情报被德意泄露，故而委员会几乎没起到什么作用。

当时日德之间直接的人员往来比较困难，这是情报泄露的一个原因。日德之间主要靠电报交换信息，但电报被盟军破译后，依靠突围舰和潜水艇建立的联系就被彻底切断了。

假设日德对英美作战，在苏联还不是敌人的状态下，日德至少还可以从苏联进口物资，利用西伯利亚铁路运送物资和进行人员往来。德苏开战前的 1941 年 1—5 月，德国利用西伯利亚铁路从日本、"满洲国"运送的橡胶、油脂、粮食、矿物、化学制品、药品等总计 21 万多吨，反方向的运输则给日本、"满洲国"带来了重型机械、车辆、装甲板、航空器材等。德苏开战后，日德之间无法再利用这条铁路运送物资和人员（根据《日苏中立条约》，在苏联参加对日战争之前，未与苏联处于战争状态的日本的相关人员可以经由中立国土耳其，利用西伯利亚铁路，但这种情况非常少见）。日德只好采用一种极其低效的方式进行运送：使用每月能击沉 0.5 万 ~1 万总吨船舶的潜水艇，使其冒着被盟军攻击的危险，运送日德两国的交换使节和 150 吨左右的物资。1943 年 1 月 20 日，日德两国就经济合作签署双边协定，那时战局已经变得不利。日本过高地评估了德国的生产能力，两国都需要"越是没有就越是想要的物资"，但又都舍不得向对方贡献技术。德国答应提供日本最需要的煤炭液化技术时，已经是 1944 年 3 月。

日本虽与德国结盟，但是所追求的利益与德国不一致。除了一小部分外，两国几乎没能组织起有效的共同作战。借用平间洋一的话评价："日德两军虽与共同的敌人作战，但没有共同的目标与战略。直到最后，两国都是把各自的国家利益摆在前面，各自为战、各自溃败。"①

陆军与海军的战略不一致

秋丸机关的报告内容几乎没有涉及与美国作战的战略。而在《关于促进结束对美英荷蒋战争的草案》中，关于如何与美国作战，只写了一些"用尽所有手段，适时引诱美国海军主力并努力歼灭之""彻底执行对美通商破坏战"之类的话。在"加强对美国的宣传战"部分，该草案提出要"将美国海军主力引至远东地区"，"敦促美国反省远东政策，宣扬日美战争无意义的观念，引导美国舆论走向厌战的方向"。虽然太平洋战争是与美国作战的战争，但直到开战之时，日本还在设想通过使英国屈服，间接地与美国议和。而在与美国的直接作战方面，日本最多只考虑到了在美国海军靠近日本时给予打击这种程度。

这种"渐减邀击"式打击美国的战略，日本海军从日俄战争以后一直在使用，但在太平洋战争爆发后，使用这一战略是有问题的。石油禁运政策导致日本石油储备减少，很显然，战争拖得越久对舰队越不利。如果美国在开战后集中增强战争力量，大量向日本派遣舰队，缺乏石油的日本根本无法迎战美国舰队（那时完全不知能否保障南方的石油资源）。因此日本等待

---

① 平间洋一『第二次世界大戦と日独伊三国同盟―海軍とコミンテルンの視点から』223 頁。

不得，只得用海上航空的力量先行袭击位于夏威夷珍珠港的美国太平洋舰队。①

虽然袭击珍珠港取得了尽人皆知的成功，但日本海军仍然感到不安。中村良三（海军大将）当时是预备役的一员，他曾担任海军舰政本部部长等要职。改造社出版的《时局杂志》1942年1月号上，刊登了他与军事评论家齐藤忠的对话文章。他在对话中谨慎地没有夸大袭击珍珠港的战果。中村暗示了在袭击中受损的美国战舰重返战场的可能性。

> 我们并不知道受损舰船的损坏程度，珍珠港内的水很浅，也许能托住船底，或许经过修理后的舰船还能再返战场。如果置之不理，那些舰船很有可能复原。完全沉没的船，修理起来很难、很花时间，但那些受损不严重的船有可能迅速复原。应该预见到这些舰船可能复原……眼下我们还处于优势，但不可能永远保持优势。要有那些舰船会复原的心理准备，不能因此次胜利而洋洋得意，认为美国海军已被消灭了的心态绝对要不得。②

实际上，在珍珠港沉没或者受损触底的军舰共8艘，其中6艘被打捞上来并修理后重返战队。中村的担忧变为了现实。

更值得注意的是，中村在此刻就指出了美国航母机动部队有可能会空袭日本。与他对话的齐藤提出了这样一个问题："他们知道如果开航空母舰过来必定被击沉，还会有勇气派兵来日本本土进行空战吗？"中村是这样回答的。

> 我们不能盲目地小看敌人。从舰队的组成上看，对方除

---

① 山田朗『軍備拡張の近代史—日本軍の膨張と崩壊』吉川弘文館（歴史文化ライブラリー）、1997年、193～194頁。

② 中村良三・齋藤忠「太平洋の戦略」『時局雑誌』1942年1月号、17頁。

了有作为主力舰队的战斗部队外,还有巡逻部队。巡逻部队的主力是什么呢?就是航空母舰和万吨巡洋舰组成的舰队。前不久,曾任美国海军军令部部长的威廉·维齐·普拉特(William Veazie Pratt)大将写过一篇论文,看样子就是在显摆万吨巡洋舰。他说,其他国家的海军中,没有像他们那样强大的万吨巡洋舰。这类舰船此前是作为侦察部队入编的,速度很快。航母的速度也很快。美军可能会利用这种速度,乘虚而入空袭日本列岛。如果与日本的主力战舰相遇,美军可能会避开,如果遇到巡洋舰则可能交战。他们可能会选择不易遇到日本战舰和巡洋舰的海域,从那里出发对日本实施空袭。不管日军如何撒网,毕竟战场很大,在海上往四个方面各伸展一万几千里,难免有漏网之鱼。日军需要在战略要冲部署兵力,其他地方的人手自然就会较少,对方也有可能藏在某个人手较少的地方不出来。从现在的局势看,这种情况不可能一直持续下去。如果美国军队的士气过于低下,畏首畏尾,则无法向国民及世界各国交代,这关乎美国海军的脸面,美军可能会出头打一仗。其编队会以万吨巡洋舰为主力,航空母舰则在其掩护下靠近日本。日本应该预见到这些情况,必须要做好应对空袭的准备。[①]

中村在对话中表露出的担忧,其实海军也同样想到了,日本海军曾把美国海军作为假想敌展开过透彻的研究。他们认为,那些搁浅在珍珠港的战舰复原后,再加上余下的航母机动部队,极有可能对日本本土实施空袭,所以不能只关注印度洋,必须彻底消灭太平洋上的美国舰队。

在这次对话的结尾部分,中村还指出了日德意在印度洋上保持联系的重要性。[②]依此更加可以认定,有关在"印度洋作战"

① 中村良三·齋藤忠「太平洋の戦略」22頁。
② 中村良三·齋藤忠「太平洋の戦略」24—25頁。

的认识，在当时就是常识性的内容。刊登此次对话的《时局杂志》上，还刊登着武村忠雄的评论文章《从武装战争到经济战争》。武村在该文中介绍了秋丸机关的《英美合作经济抗战力调查》的内容。他指出："美国的国民经济组织能力中的运输能力是其弱点，这主要表现在海上运输方面……英国的经济抗战力的最短板也是海上运输能力……澳洲、荷属东印度、马来亚、缅甸和印度等地出产的橡胶、锡、钨以及粮食，是通过海上通道运往英国的，如果我国海军阻断这条通道，将会给英国以致命打击。此后德意海军的游击战将会更加猛烈，这增加了美国对英国进行物资援助的难度。即使无法登陆英国本土进行作战，生活在英国本土的人们也将只剩下哀号了。"[①] 为了消灭美国舰队，同时使英国屈服，在当时日本的评论界看来，向印度洋进发的重要性是不言而喻的。

当然，日本的评论界日常讨论的这些观点，同盟国方面全都知晓。为了对日军向印度洋进发形成牵制，英国要求美国在太平洋与日本的航母部队作战。1942 年 4 月，从美国航母出发的轰炸机实施了杜立特空袭（Doolittle Raid）。这一行动证明了美国航母机动部队是日本的巨大威胁。为了消灭它，日本迅速推进战事，于 6 月进行了中途岛战役，结果日本反而失去了四艘航母。此后太平洋上的军事较量的天平向美国方面倾斜，美国的优势不断增加。

假如日本向印度洋进发，战局到底会受到多大影响？这也是个疑问。将秋丸机关的《英美合作经济抗战力调查》《德国经济抗战力调查》综合起来分析，应该说日本的胜败最终取决于德国的抗战力和美国的动员速度。《德国经济抗战力调查》已经指出，即使日本与德国得以联手、日本能从"东亚"向德国提供其需要的一部分物资，德国也无法做到自给自足。在先行研究中已经说

---

① 武村忠雄「武力戦から経済戦へ」『時局雑誌』1942 年 1 月号、54 頁。

明①,1942年3月,秋丸机关出版了资料《关于德国与大东亚圈之间经济相互依赖关系的研究——从物资交流的视角出发》,在其中的"以日本为首的大东亚圈和以德国为中心的欧洲广域圈"部分分析了相互依赖关系。其结论是,无论是从德国还是从"大东亚圈"的角度看,都不存在互补性关系。

日本陆军的关于"与美国交战"的意识极其淡薄。陆军的第一假想敌是苏联,陆军认为日本与美国的战争属于海军的职责范围。1941年的四五月间,参谋本部作战课的少佐拿着《南方作战计划》的草案,征求欧美课的杉田一次的意见,杉田回答说:"南方作战不是为了夺取领土的吧。应该像对苏联作战、对中国作战那样,先做出日本对美英的作战计划,然后再将南方作战作为对美英作战的一环吧。"②直到太平洋战争开战之前,陆军的对美军作战设想中,除了攻占菲律宾以外,几乎没有其他预案。③第四章提到的《关于促进结束对美英荷蒋战争的草案》,其被提交送审时原标题叫《关于促进结束南方战争的文件》。"陆军没有制定对英美作战的计划,在'南方作战'的名义下,只一味追求眼前利益,结果就是'逐鹿者不见山',一味盲信德国必胜,一头扎进对英美的战争中。"④

太平洋战争开始后,陆军依然最重视对苏战争,起初为南方作战调动的兵力是整个陆军兵力的两成,共11个师团,约35万人,其他大部分兵力被用于在中国战场作战以及对苏联的戒备上。大本营陆军部原计划在同年冬季结束南方作战,然后将兵力调往北方,在1942年夏季之后,将兵力用于对苏作战和在中国本土作战。德苏战争开始后,强烈主张北进的参谋本部作战部部长田中新一为了推动建立长期自给自足的架构体系,建议日本在掌控

① 工藤章「日独経済関係の変遷—対立と協調」工藤章・田嶋信雄編『日独関係史一八九〇—一九四五Ⅰ総説/東アジアにおける邂逅』所収、110—111、123頁。
② 杉田一次『情報なき戦争指導—大本営情報参謀の回想』185頁。
③ 参謀本部編『杉山メモ 上』519頁。
④ 杉田一次『情報なき戦争指導—大本営情報参謀の回想』218頁。

南方资源之后对苏联行使武力，与德国一起击溃苏联后，再让德国转而对付英国。①1942 年底，田中与首相东条因瓜达尔卡纳尔岛的相关问题发生冲突，失去了作战部部长的职位。1943 年 4 月，大本营向关东军发出《昭和十八年度的作战计划》，计划中要求以"突袭"的方式进攻符拉迪沃斯托克，占领北库页岛、堪察加等地。1943 年 9 月，陆军教育总监下令，将教育训练内容的重点从对苏的战斗转为对美的战斗。②1944 年，陆军大学的教学内容更换为对美战术，这次更换源于昭和天皇在前一年提出的一个问题。昭和天皇出席了 1943 年的毕业典礼（当时的校长是曾任总力战研究所所长的饭村穰），天皇在回程中问侍从武官长："目前正值日美激战之际，为何依然在进行对苏战斗的教育？"③可见陆军"真的是缺乏美国是主要敌人的基本意识"。④

日本军方仍然受到传统的假想敌思路限制，在日本海军对战美国海军、日本陆军对战苏联陆军的传统意识还未改变的情况下，在还未形成战略一致的状态下，日本就一头扎进了太平洋战争中。

根本性的问题:（1）日本船舶的减少

德国与日本之间、日本的陆军与海军之间的战略不一致当然是重要问题，但更为根本的问题在于同盟国与轴心国之间国家实力的差距。

秋丸机关的《英美合作经济抗战力调查》将英美的船舶问题视作其最主要的短板，与此类似，日本为了满足本国战时再生产的持续需求，需要"从其势力范围内的日元圈中，最大限度地调配军需物资"，为此"日本要完善依靠船舶进行的海上运输，以

---

① 川田稔『昭和陸軍全史 3—太平洋戦争』366 頁。杉田一次『情報なき戦争指導—大本営情報参謀の回想』218 頁。
② 秦郁彦『旧日本陸海軍の生態学—組織・戦闘・事件』390—391 頁。
③ 杉田一次『情報なき戦争指導—大本営情報参謀の回想』361 頁。
④ 杉田一次『情報なき戦争指導—大本営情報参謀の回想』245 頁。

此推行统制机制"。[①] 正如《德国经济抗战力调查》指出的那样,德国的国家力量是有限的,并且在地理上远离日本,日本若想在不依赖德国的情况下"持久"下去,需要掌控南方的资源,用船舶将资源运抵日本,大量生产武器与军需品,巩固防卫力量。日本在第二次世界大战中的胜败,在某种意义上取决于"同盟国方面(尤其是美国)具备的船舶生产能力是否强于德国的破坏力",取决于"为应对持久战,日本是否掌控了足够多的船舶"。因此笔者在此聚焦船舶问题,对日本与美国进行比较分析。

上文已述,陆军省战备课在 1941 年 8 月就已指出,若在南方动武,最令人担忧的是船舶。围绕船舶问题的讨论一直持续到开战的前一刻。《关于促进结束对美英荷蒋战争的草案》中也建议,"要掌控重要资源所在地以及主要交通线,建构长期自给自足的机制"[②],强调要掌控将资源运抵日本的"主要交通线"。

但是在如何保护"主要交通线"方面,日本出现了失误。上文已述,日本海军将美国海军视作假想敌。在海军的设想中,战争是传统的"对美国一国的短期战争",所以要调配精锐舰队歼灭敌军舰队,并占领敌方根据地,这才算是保卫了海上交通(本国船舶的航行安全)。[③] 海军开始将其设想成那种"太平洋战争式的战争",是在开战前一两年的时候,他们认为靠老旧的驱逐舰和水雷艇就可以起到保护作用。[④] 在海军内部,有人参照第一次世界大战时英国每年损失船舶总量的 10% 的情况,推算日本在此次战争中船舶的年损失量也是 10%。以此为根据,在 1941 年 11 月 5 日召开的御前会议上,企划院总裁铃木贞一说,预计一年的

---

① 原朗『日本戦時経済研究』東京大学出版会、2013 年、47 頁。
② 参謀本部編『杉山メモ 上』523 頁。
③ 坂口太助『太平洋戦争期の海上交通保護問題の研究―日本海軍の対応を中心に』芙蓉書房出版、2011 年、52 頁。
④ 坂口太助『太平洋戦争期の海上交通保護問題の研究―日本海軍の対応を中心に』70—71 頁。

船舶损失量为 80 万 ~100 万总吨。[①]

　　战争初起之时，日本损失的船舶数量低于当初的设想，所以"初战的几个月里，有人担心船舶问题，有人主张加强海上护卫，但是现实的战况好得让人觉得那种想法太傻"。[②]可是在 1942 年 8 月至第二年 2 月的瓜达尔卡纳尔岛战役期间，前线损失了大量陆海军征用的船舶。1942 年 10 月至 1943 年 3 月这半年的损失量，据统计高达 74.5 万总吨。[③]但因美国潜水艇的攻击造成的船舶损失量，与战前的预测基本相同，所以瓜达尔卡纳尔岛战役带来的损失被当作一个例外情况，并没有换来加强"主要交通线"防卫的措施。[④]从 1943 年中开始，由于美国改良了鱼雷武器，其潜水艇攻击造成的破坏愈发严重，日本损失的船舶数量骤增。但直到 1942 年中，日本损失的商船并不多，主要损失来自军事作战，所以加强海上交通防卫的措施的实施被推迟了。当被美国潜水艇攻击的商船增多时，日本无力应对，于是向日本运送资源的"主要交通线"消失了。

　　日本在太平洋战争开始之时，完全没有为大量造船做准备（本部分参考了荒川宪一的研究成果），[⑤]但是船舶的损失在不断加剧。第二章曾写道，日本在日中战争开始后加强了经济统制，从 1938 年开始正式推行的物资动员计划，要求将特定重要资源分配给不同的产业部门。负责物资动员工作的机构是企划院，它削减了分配给造船部门的物资（尤其是钢铁），将其分配给了军需部门和钢铁制造、机械工业部门。统管钢铁的生产、分配、消费的中央机关是商工省钢铁统制协议会，商工省和企划院是负责机械

---

① 坂口太助『太平洋戦争期の海上交通保護問題の研究—日本海軍の対応を中心に』183、190—191 頁。
② 大井篤『海上護衛戦』学研 M 文庫、2001 年、83 頁。
③ 坂口太助『太平洋戦争期の海上交通保護問題の研究—日本海軍の対応を中心に』206 頁。
④ 坂口太助『太平洋戦争期の海上交通保護問題の研究—日本海軍の対応を中心に』205—208 頁。大井篤『海上護衛戦』108—109 頁。
⑤ 荒川憲一「戦時下の造船業—日米比較」『東京国際大学論叢　経済学部編』第 51 号、2014 年。

与政府需求（包括军需）的主管单位，递信省是负责造船的主管单位。分配给造船部门的钢铁不够多的原因之一，恐怕是政府部门之间存在争夺地盘的情况，这制约了民间造船企业对造船与相关设备的投入。另外，在资金的充裕度上，机械、器械部门也比造船部门的情况要好。整体上看，为了推进日中战争，需要生产出数量庞大的军需品。军需部门和扩大再生产的基础是钢铁制造、机械工业部门，故而需要优先保障这些部门的资源。假定日本与英美作战后可以获得南方的资源，那么日本就能大量增加运输船舶的产量，可是在现实中这个"假定"却一直在延后。

日本政府从 1939 年开始推行造船许可制度，并把这一措施当作经济统制的一环。该制度规定，在签订建造长度超过 50 米的船舶的合同前，订货方和承接方必须联名表示同意接受"造船调整协议会"的审查。也就是说，普通的造船合同不需要经过交易申请、审查、批准等程序，交易成本比较低，所以不属于管制范围内的、长度不足 50 米的船舶的合同在短期内增多了。为了控制物价上涨，政府对与海运业相关的运费和租船费用进行管制，而船价（船本身的价格）不在管制范围内，因而上涨了。以上各种制度带来的后果就是：建造船舶需要花费高成本，但是运费和租船费用却被管制在低水平，难以获得更多利益。对于船主来说，建造新船是件不划算的事情。尽管政府规定了（第一次）战时标准船的规格，[①]但下单购船的船主却是民间人士，这些经济统制制度上存在的问题致使日本在建造运输船舶上没有什么进展。

由此看来，当太平洋战争开始时，日本并没有为大量造船做好准备。海军和主管造船工作的递信省都没有意识到，无法保障战时所需的大量船舶会带来巨大风险。因战争初起时日本处于优势，有人甚至推测战争会早于预估的时间结束。民间的造船行业经历过第一次世界大战结束后船舶生产过多带来的不景气，所以

---

① 日本政府在战争期间共公布过四次标准。——译者

此时造船行业对于设备投资也并不积极。

从南方向日本运送资源需要船舶，但日本在造船上又没有什么进展。秋丸次朗对于这个现象的态度可以从他在总力战研究所的讲义中得知，第五章对相关内容做过介绍。他主张："为了增强船舶运输能力，应暂停其他方面的扩大再生产，集中力量扩大船舶生产能力。"①1942 年 5 月，递信省终于开始讨论如何推行计划造船体制。中途岛战役和瓜达尔卡纳尔岛战役使战局为之一变，直到同年底，日本的计划造船体制才算搭建起来。该体制通过官有官营的产业设备营团，大量建造第二次世界大战的战时标准船。建造这种战时标准船时，遵循的最重要的原则是节约资源和迅速建成，所以这种船质量粗糙，没有采用双层底结构，严重影响了船体的强度和安全性。这些新造船舶真正被投入使用是在 1943年下半年之后，当时战局已经恶化，造船所需的原材料等很难运抵日本本土。

从整体上看，日本对商船的护卫措施和建造措施都晚了一步，而当日本认识到采取措施的必要性时，已经太迟了。太平洋战争开始之际，日本拥有 646 万总吨的船舶，此后直到战争结束，加上新造船舶及战利品，共增加了 363 万总吨。因遭到美国的潜水艇和轰炸机、航空母舰舰载机的攻击，日本共损失船舶 843 万总吨，其船舶在战争结束时只剩 166 万总吨。②

根本性的问题：（2）美国的造船能力异常强大

秋丸机关的报告，特别是《英美合作经济抗战力调查（其一）》的"判断"部分，就"攻击英美船舶"的战略做了深入分析。1995 年，胁村义太郎在日本学士院演讲时就此做了介绍（胁

---

① 『昭和十七年自七月至八月講義　秋丸陸軍主計大佐講述要旨　経済戦史』59 頁。
② 坂口太助『太平洋戦争期の海上交通保護問題の研究—日本海軍の対応を中心に』10 頁。

村在此次演讲后出现健康问题，于 1997 年 4 月去世，此次大概是他生前最后一次演讲）。

胁村是一位海运、造船方面的专家，在战争结束后担任船员中央劳动委员会会长和海运造船合理化审议会委员。胁村认为，"英美联手合作形成的经济抗战力，是由船舶的数量决定的"这句话"说到点儿上了"，他推测这句话不是有泽说的，可能是参加过秋丸机关的某位与日本邮船行业相关的人提出来的，[①] 但是胁村同时也指出了这句话的局限性。

上文已述，《英美合作经济抗战力调查（其一）》预测，英美两国一年的造船总量，合计最高不超过 600 万总吨。这一数据的来源是《英美合作经济抗战力调查（其二）》："经考察美国以往的造船能力，发现其最高纪录出现在第一次世界大战结束后不久，在 1919 年达到约 408 万总吨（世界纪录）"，"经考察英国的造船能力（下水量），发现其最高纪录是 1920 年的约 206 万总吨"。[②] 这一数据是把两国数据相加后计算出来的，数据的产生时间是第一次世界大战结束后不久。这份数据小看了美国实际的造船能力（本部分中没有加注释的信息，来自荒川的研究成果和大内建二的著作）。[③]

上文分析过，《英美合作经济抗战力调查（其二）》指出，"美国海运的短板"在于"商船队的老化"。美国的确在第一次世界大战期间建造了大量货船，以致战争结束后遗留了大量过剩船舶。美国国内的港湾、河流上停泊着大量过剩的货船，因大萧条时期的贸易形势恶劣，停在水上的货船没有用武之地，只能慢慢老化。由于没有建造新船的需求，美国的造船业逐渐萎缩。1922—1937 年，美国新建造的远洋商船只有 2 艘货船、几艘油轮、29 艘大小客船。

---

① 脇村義太郎「学者と戦争」160 頁。

② 陸軍省戦争経済研究班『英米合作経済抗戦力調査（其二）』132 頁。

③ 大内建二『戦時商船隊—輸送という多大な功績』光人社 NF 文庫、2005 年、特に第七章「リバティー船物語」。

日本则在国策的引导下，推进船舶的报废与建造（目的是建造优良船舶，并未考虑大量建造）。美国同样把这当作目标之一，通过了《1936年商船法》，其中规定船主在建造新船时，可以从国家获得1/2至1/3的建造经费，该法同时要求，一旦国家有需要，船主应同意国家征用该船。负责执行这部《1936年商船法》的部门是直属于美国总统的联邦海事委员会（FMC），该委员会计划在1938年以后的十年时间里，每年新建50艘各种商船。美国在逐步把老旧船舶清空的同时，还依据用途和规模对所有的远洋商船进行了分类。FMC规定了基本船体和主发动机的标准，这种标准化生产方式有助于实现从各种钢材到螺丝钉、锚等零部件的计划性批量生产。

美国开启再建商船的工作后不久，第二次世界大战于1939年爆发了。停泊在美国国内的老旧过剩船舶被提供给了英国，英国国内也在紧急推进建造战时标准船——帝国船（Empire Ship）。美国参考这种船后，计划大量建造自由轮（Liberty Ship）货船。自由轮采用的是当时已经过时的活塞式发动机，它与造价高的柴油机和复杂的涡轮机相比，具有成本低和适合大量生产的优点。活塞式发动机虽然速度较慢，但是可以让船舶最大限度地装运货物。为了缩短建造周期和实现大量建造，美国采取了分段式造船法：先将船的各个部件在造船厂内组装完毕，然后在造船台上一次性地连接在一起，这样就可以在短期内完成一艘船的建造。采用这种办法，只要造船台空出来，就可立即运来已经制造完成的同一种部件，依靠流水作业建造出大量船舶，并且由于电焊技艺被大量使用，比起以前铆铆钉的方式，操作变得更加简单。从20世纪20年代开始，美国已经将电焊技艺运用在造船上。

胁村在上文提到的演讲中强调，美国拥有在第一次世界大战期间大量造船的经验，在1936年以后美国又大规模地扩充了海军，所以正处于大量建造商船的"热潮期"。他还介绍了美国电焊技艺的普及和分段式造船法，指出秋丸机关的《英美合作经济抗战力调查(其一)》曾对美国的造船数量做过预测("有泽先生等人将第一次世界大战期间的情况作为分析背景,对造船数量做了预测"),"但是却没有考虑两次世界大战之间出现的巨大变化"。他认为,有泽等人在秋丸机关展开的分析,是以第一次世界大战为基础的,这使他们的分析工作存在局限性。[1]

FMC 还结合战时需求,根据政府的预算和支出权限,与民间造船厂签订造船合同,此外还通过合同,为新成立的民间造船厂提供财政支持。1939 年以后的四五年里,美国在大战中建造的 96.4% 的商船,产生于与 FMC 签订的合同之下。美国从正式参加第二次世界大战前开始,依靠丰富的资源和强大的权力支持,使自身建造船舶的速度越来越快。

1941 年 1 月,美国宣布计划建造 200 艘、共 140 万总吨的自由轮,用于援助英国。实际上,同年 4 月公布的第 2 个造船计划的数量是 112 艘,7 月公布的第 3 个造船计划的数量是 418 艘,10 月公布的第 4 个造船计划的数量是 632 艘,仅 1941 年一年就宣布计划造船 1362 艘,共 977 万总吨。美国政府在制订造船计划的同时,还制订了扩充造船厂的计划,决定紧急新建 18 个造船厂。1943 年,所有的新老造船厂都在运营,造船台不断增加,最多时达 400 个。1941 年 12 月 30 日,在太平洋战争开始后不久,首艘自由轮建造完成。1942 年中期以后,自由轮的快速建造工作步入正轨。一艘自由轮从开工到完工的建造周期平均在 90 天以内,最短纪录是 7 天。造船的最高峰在 1943—1944 年,美国的造船厂平均每天可以完成 3 艘自由轮的建造。

一方面,1942 年的美国在迅猛地造船,另一方面,盟军建构了打击德国潜水艇的系统,同盟国的船舶损失数量大幅减少,所以向英国补充军事物资愈来愈不成问题。船舶问题曾经称得上是英美唯一的"短板",现在也已经不成问题了。

---

[1] 脇村義太郎「学者と戦争」154—157 頁。

这些事实已经由加入秋丸机关的人们详细介绍过了。1943年，细川护贞在担任昭和天皇的弟弟高松宫的御用工作人员期间，听从地位相当于其义父的近卫文麿的建议，与海军的高木惣吉等反对东条英机的人员开展密切交往，同时收集相关情报。秋丸机关的骨干人员武村忠雄是现役陆军主计少尉，同时也是高木组建的海军智库的顾问（下文详述）。1943 年 11 月 19 日，细川出席了海军智库顾问聚会，在那里见到了武村和东京帝国大学法学部的政治学家矢部贞治。两天后的 11 月 21 日，细川聆听了武村和矢部关于各国的战争力量现状的介绍。

武村介绍了自己在《德国经济抗战力调查》中使用的分析方法，并在描述开战后形势变化的基础上，分析了各交战国的经济力量。他认为："开战以来，各国争相强化的组织能力已经迅速达到了上限，现在能够制约这一能力的要素，就是劳动力、生产设备和原材料。"[1] 他特别就美国与英国的船舶问题进行了详细说明。

> 首先说说船的问题。美英在战争中所需船舶的最低数量，英国是 650 万总吨，美国是 350 万总吨，共计 1000 万总吨。美英在 1942 年中时，迫切需要 270 万 ~280 万总吨的船舶。这是因为同年上半年，美英每月被击沉 90 万总吨的船舶，而其造船能力仅为月产 40 万 ~50 万总吨。如果这种情况持续到去年底，他们肯定会很艰难，但是美国的造船能力颠覆了这种预测。
>
> 美国每月的造船量达 70 万总吨，英国、加拿大、澳大利亚合起来有 10 万 ~20 万总吨，共计 90 万总吨。所以在 1942 年下半年时，损失量与新造量已经处于持平状态，而且这种势头一直保持到第二年 3 月。从 4 月开始，由于对方加强了针对潜水艇的防御，德国潜水艇击沉的船舶数量降至 30 万总

---

[1] 細川護貞『細川日記　上』中公文庫、2002 年、29 頁。

吨,即使加上日本和意大利,也才只有 50 万总吨。与此相反,美国的造船能力达到月产 110 万~120 万总吨,与损失相比,有 70 万总吨的富余。机动能力日益增强,美国更具自信。[1]

"英美的造船能力仅为月产 40 万~50 万总吨",即年产 600 万总吨是秋丸机关预测的最高数据,但"美国的造船能力颠覆了这种预测",目前已达预测的两倍以上,为"月产 110 万~120 万总吨",使得"机动能力日益增强,美国更具自信"。武村在此次向细川的介绍中,实际上承认了秋丸机关的预测存在失误。

《情报未达天皇》于 1953 年出版,该书内容就是来源于这位细川的日记。1978 年,该书改名为《细川日记》再版,长期被视作研究昭和史的重要参考史料。人们并不知道,这份迄今已经被读了六十多年的史料中,包含了以秋丸机关的研究为基础展开的分析。

1943 年,美国的商船建造数量达到了 1250 万总吨,是武村口中的秋丸机关预测数据的两倍多、第一次世界大战期间美国最高的年造船量的三倍。而这一年日本的商船建造数量是 96.6 万总吨,两者之间的差距竟达到 12 倍以上。美国的每艘自由轮上都刻有历史名人的姓名,由于自由轮多达 2712 艘,要从美国较短的历史中为其寻找合适的姓名需要花些心思。如果照搬胁村义太郎演讲的话来说,那就是"美国也觉得造的船太多了。到 1943 年,因一路建造下来的数量过多了,所以美国停造自由轮,开始建造胜利轮(Victory Ship),这是一种在战后也能使用的气派大船,不是适用于战争的简易船舶。从数据上看,1944 年的造船速度下降了"。对于美国这种多到与日本"不在一个段位"的造船量,胁村说:"这就是日德两国失败的终极原因。"[2]

---

① 細川護貞『細川日記 上』35 頁。
② 脇村義太郎「学者と戦争」156 頁。

怎样避免"日英美开战"？经济学家应该怎样做？

就像经营学家高桥伸夫通过军事战略案例（著名的丹皮尔海峡的悲剧，即发生在 1943 年 3 月的俾斯麦海海战，日本的运输船队在海战中被歼灭。博弈论中常援引此例）指出的那样："人们常常会设想靠战略来决定胜败的案例。但实际上，靠战略来决定胜败，只适用于双方势均力敌的情况，这种案例是非常稀少的。"分析一个战略是否恰当，当然是非常重要的，但在现实中，努力改善某些具体数据才是更重要的，因为数据是进行战略判断的基础材料。"若数据得以改善，无论战略恰当与否，都可能带来胜利的结果。"[1] 这是一个平淡无奇的结论，若以此结论考察船舶的问题，看到同盟国与轴心国之间存在的国力——不仅包括资源，还包括技术等——的巨大差异，就会知道结局不是靠战略能改变的，开战后日本无论怎么做，都无法避免失败的命运。

当然，"明知会失败也必须战斗"的想法不是不可以有。第四章曾写道，曾任陆军省战备课课长的冈田菊三郎在战争结束后不久，曾在战争调查会上作证。他就开战时担任陆军省军务局局长的武藤章的观点做了如下陈述（冈田作证时是 1946 年 5 月，武藤以甲级战犯嫌疑人的身份被关押在巢鸭监狱内。1948 年 12 月 23 日，武藤作为甲级战犯被处决）。[2]

决定开战之时，在有人说"这些已经很清楚了，疑问都解开了就行了"的时候，武藤中将说了什么呢？他说："并不是那样的。最好别打仗。我觉得这次的战争会带来国体的变革。"在战争即将开始的时刻，他还在这样讲。但他当时也说了另外一番话："难道甘愿就这样脱帽认输吗？在民族

① 高橋伸夫『経営の再生［第 3 版］—戦略の時代・組織の時代』有斐閣、2006 年、255 頁。
② 日暮吉延「解説」武藤章『比島から巣鴨へ—日本軍部の歩んだ道と一軍人の運命』中公文庫、2008 年所収、334—336 頁。

的勃兴与灭亡问题上，那种在激战失败后被迫陷入困境却依然在战斗的民族，将来必然还有复兴之日；而那种陷入困境就脱帽认输的民族，是永远都得认输的民族。"[①]

武藤个人的确认为，如果开战，日本避免不了失败的结果。可是他却抱着失败后"东山再起"的期望选择了开战。笔者也不能否认，日本从太平洋战争中获得的经验、教训，以及对战争的反省，影响着战争结束后日本的发展。

太平洋战争带来了巨大的损害。1949 年 4 月，经济安定本部公布的调查结果显示，太平洋战争开始后，后方（除冲绳以外的日本本土）遭受的人口损失有：因空袭（包括对广岛、长崎的原子弹轰炸）而死亡的 297746 人，失踪的 23964 人；因太平洋战争死亡的军人和军人家属（1942—1948）1555308 人，负伤与失踪的 309402 人。冲绳县生活福祉部援护课的资料显示，死于冲绳战役的军人、军人家属和居民共 188136 人。[②]另据经济安定本部的调查，与 1935 年相比，日本在资产上损失了国家财力的 25.4%，船舶损失率达 80.6%。[③]在此之上，若把在朝鲜、台湾地区等亚洲各地的损失以及与同盟国开战所造成的损失相加，那将是一个巨大的数字。而日本战败的后果，就是被以美军为中心的盟军占领了。

正如第五章所述，自然有人会认为，日本若像西班牙那样保持中立、不开战就好了。那么，"不开战"这个选择，需要怎样做才能实现？

第五章曾分析过，日本没有"冷静的独裁者"，是靠集体意志决策的，因此反而做出了高风险的选择。但是如果将错就错地坚持这种意见不统一的决策方式，把"开战"拖延下去，不就有

① 『岡田氏談話』広瀬順晧監修『戦争調査会事務局書類　第 8 巻　15　資料原稿綴二（下）』361—363 頁。
② 『完結　昭和国勢総覧　第三巻』東洋経済新報社、1991 年、285 頁。
③ 『完結　昭和国勢総覧　第三巻』287 頁。

可能避免开战了吗？本书曾多次提到过，日本在国内意见不统一的情况下，部分行动的时间不断被延后。如果在北太平洋上的作战行动因为恶劣天气无法执行，错过了开战时机，那在1941年末之后德国的攻势已经停止的情况下，日本想依靠德国对英美开战的想法自然也难以实现，也就有可能避免开战。[①]

为了分析这种可能性，有必要重新审视当时领导层所面临的选项（第五章）。

（A）1941年8月以后，因美国对日本采取冻结资金、禁运石油的措施，日本的国力逐渐减弱。若不开战，两三年后日本将确定无疑地"渐衰"而亡，不战而败。

（B）以国力强大的美国为对手开战，这为日本招致毁灭性失败（速衰）的概率非常大。尽管概率很小，但若德苏战争在短期内（不晚于1942年）以德国的胜利告终的话，德国就可以从来自东方的威胁中解脱出来。此后，苏联的资源和劳动力将被用于加强德国的经济力量；英美之间的海上运输将被打得七零八落，德国将可实行对英国的登陆作战；日本则可占领东南亚获取资源，用以增加国力；若英国屈服了，而美国还没来得及备战，美国会失去交战意愿，走向议和。为此日本的确会消耗部分国力，但如果能通过议和获得南方的资源，至少可以将国力维持在开战之前的水平上。

秋丸机关的报告内容以及总力战研究所的演练结果，在本书中多次被作为案例提起，它们都可以说明"日本领导人无视基于研究得出的有关战败的预测，最终做出了非理性的开战决定"。但诚如第五章所论述的那样，这种观点是仅关注（B）而得出的结论，如果结合（A）进行观察，那么这些内容就成了为"决定

---

① 北冈伸一『日本の近代5 政党から軍部へ 1924~1941』中央公論新社、1999年、389頁。五百旗頭真『日本の近代6 戦争・占領・講和 1941~1955』153—157頁。

开战"而提供的材料。（B）的"成功"概率不管有多小，都容易在主观上被过高地评价，所以无论（B）是多么悲观的预测，都不会引人走向"避免开战"的道路。

为了选择"避免开战"，必须去改变（A），而不是在（B）上下功夫。预期理论认为，人们在关于损失的选择上，存在风险爱好，在关于获利的选择上，存在风险厌恶。比如在有"确保获得 3000 日元"这个选项，以及"八成概率获得 4000 日元，二成概率一无所获"（期望值是 4000 日元 ×0.8+0 日元 ×0.2=3200 日元）这个选项的情况下，多数人的选择与期望值正相反，选择"确保获得 3000 日元"的人占多数。[1] 因此，假设（A）不是消极的"三年后渐衰以致投降"，而是如河西晃祐所言，是一个"现在不开战，保持住在三年后能与美国一决胜负的国力和战斗能力"的积极计划，[2] 那么即使（B）设定的"成功"是"日本成为大东亚共荣圈的盟主"，日本也可能选择"避免开战"，从而避开毁灭性的失败。

是否存在"以三年后再与美国一决胜负为目标、保持住目前日本的国力和战斗能力的计划"呢？军方其实也深感苦恼。美国明确宣布禁运石油后，8 月 7—8 日，大本营陆军部战争指导班在日记中记下了如下内容。

> 应该实施何种对英美的策略？
> 是决心与英美战斗到底，还是屈服于英美？
> 哪里有不战且不屈服的脱困之路？
> 此种苦恼连绵不断啊。[3]

如果存在"不战且不屈服的脱困之路"，日本是一定会选择

---

[1] 友野典男『行動経済学—経済は「感情」で動いている』120—121 頁。

[2] 河西晃祐『大東亜共栄圏—帝国日本の南方体験』95 頁。

[3] 軍事史学会編『大本営陸軍部戦争指導班 機密戦争日誌 上』143 頁。

的。第五章介绍过外务省的报告《日本外交的过失》，该报告指出：国际形势在短短数年内从"同盟国对抗轴心国"转变为"资本主义国家对抗社会主义国家"，日本可利用这一转变之机，修复与英美的关系，这虽然有一定困难，但也算是一个可选项。森山优曾指出："即使下决心打仗，当时能让人抱有希望的信息，也只剩下国际环境将会好转这一条了。那么，应该对日本卧薪尝胆的情况和在战争中期待国际环境好转的情况，进行比较分析。如此一来，卧薪尝胆论与开战论的差距会骤然缩小，人们反而有可能会认为卧薪尝胆论更有利。"[1] 然而实际情况是人们关注的重点始终在"两三年后石油肯定会耗尽"这一"事实"（证据），谁也无法抱有"国际形势大幅变化，日本所处的国际环境发生好转"的预期。

西浦进在战后曾做过以下反省。

> 我时常思考，陆军大学从始至终一直都在做计划，但过于强调要有计划地做事情，是否也是一种错误呢？我们做不到以"有钱的时候就花钱，花完了再去想办法挣"的态度面对生活。所以即使到了战后，如果存折里只剩下 3 万日元，我们还是会陷入"已经只剩 3 万日元了，之后每月能有多少收入呢"的计算之中。已经对这个世道习以为常的人们，也许会认为"就这样吧。如果把 3 万日元花光了，马上就会有办法的，会有人送钱来的，世道会变的"（笑）。如果抱着这种态度面对问题，当时也许就不会向南方进发了。可是当时的军人们，被禁止抱有这种人生态度。[2]

然而，要想解决一个实际问题，"世道会变的"这句话本身不起作用。昭和天皇在《昭和天皇独白录》中回忆道："反对战争

---

① 森山優『日本はなぜ開戦に踏み切ったか──「両論併記」と「非決定』』161 頁。
② 西浦進『昭和陸軍秘録──軍務局軍事課長の幻の証言』333 頁。

的人的意见是抽象的，而内阁方面在主张打仗时能列举出各种实实在在的数据。遗憾的是，没有什么力量能够压制住战争论调。"①因此，为了"压制住战争论调"，需要用数据增强那份"现在不开战，保持住在三年后能与美国一决胜负的国力和战斗能力"的积极计划的说服力，争取更多时间，在此期间等待国际环境的变化。

如果说日本的经济学家为避免"日英美开战"做出了贡献，其贡献点恐怕不在于指出日本与美国之间存在巨大的经济差距这一"负面事实"，而在于用经济学对这种"积极计划"进行有效解析。这种"积极计划"归根结底只是一个压制开战论调、争取时间的权宜之计，不必基于什么证据材料，在极端情况下，甚至可以捏造事实与数据（"极有希望在满洲国发现油田"等）。在此基础上，若能基于证据材料提出"德国国力目前已达上限，受苏联与英美的多年夹击后必定失败，英美与苏联的对立将起，我们应该利用这种变化"，那么"卧薪尝胆论"的说服力必将进一步增加，这样就有可能避免"日英美开战"（当然，如何改变固化的国民舆论依然是个问题）。

笔者认为，秋丸机关是能成功完成这项工作的机构。它动员了以有泽广已为首的众多优秀的经济学家，掌握着大量的统计数据，在必要时可以让经济学家充分阐释"积极计划"。蜡山政道等人（其中有一些类似武村忠雄的人物）还开展了关于国际政治的研究，若基于他们对未来的预测与战略思考，定能描画出国际环境的"前景"。当时活跃在评论界的中山伊知郎、武村忠雄、蜡山政道等人，还可以通过媒体推动舆论的转变。

秋丸机关的具体活动，已在第二章、第三章做了介绍，下面将在第七章介绍其受到的诸多制约。第五章讨论过，它的建议很有可能被当成了"日英美开战"的决策材料。但是若从其完备的人员阵容来看，秋丸机关可以说是为数不多的、能够给与既成事

---

① 『昭和天皇独白録』87 頁。

实相悖的"避免日英美开战"提供所需话术和研判的机构了吧。

可是，当时的陆军、当时的日本，都没能让秋丸机关发挥出那样的作用，最终日本踏上了注定失败的"日英美开战"的道路。

第七章　从战时走向战争结束

回收"一部分"报告文本和资料的可能性

本书的主题是"日英美开战与经济学家的关系"，前几章都是围绕这个主题展开论述的。本章作为最后一章，介绍的是秋丸机关和秋丸次朗、武村忠雄、有泽广巳等人后来的故事。

第四章曾分析过，秋丸机关的报告的内容本身，在当时是"常识性"的认识，在陆军内部也没有被当成很大的问题，只是"众多信息中的一种"而已。如果对报告内容以及陆军对其的反应、长期以来极受重视的有泽广巳的说辞进行比对，会发现有泽的说辞与"实际发生的事实"存在差异。尽管如此，在战争结束后，"报告的内容与已下决心开战的陆军的意志相反，所以被当作违反国策的东西烧毁了"的观点还是广为传播，为什么会这样？

原因之一当然是那时没有发现报告文本，但是在发现报告文本之后，就不能再以此为理由了。此外，因为可能发生了某些事情，才使有泽选择了那样的说辞。笔者认为，除《英美合作经济抗战力调查》《德国经济抗战力调查》之外，确实曾存在一些"以需要烧毁为由回收的报告文本和资料"，人们认为回收报告文本与秋丸机关"面向陆军领导层的报告会"有关。笔者推测，回收报告文本实际上另有原因，与秋丸机关的报告内容毫无关系。

支持这种推测的关键依据是，秋丸机关的负责人秋丸次朗说过，报告会是在 1941 年 7 月举办的，而且《英美合作经济抗战力调查（其二）》《德国经济抗战力调查》的封面上清楚地写着"昭和十六年七月制作"的字样，文本内容与武村忠雄在 1941年 7 月号杂志上所述内容基本一致。可以断定，报告文本完成后，秋丸机关向领导层汇报是在 1941 年 7 月。但是，有泽却说报告文本完成于"9 月下旬"，举办报告会是在"9 月末"。那么在 1941 年 9 月末这个时间点，到底发生过什么事？

佐尔格事件的影响

胁村义太郎的名字多次在本书中出现。第五章曾介绍过一篇刊登在 1965 年的《朝日杂志》上的关于某次座谈会的文章，该文记录着胁村与石川达三、久野收等人共同参加这次座谈会的情况。胁村在座谈会上谈道，他因第二次人民阵线事件与有泽一起被捕、获保释后，陆军邀请有泽参与相关工作，他自己则接受了海军智库的邀请（下文详述），后来他又接受过外务省的委托工作等。随后他说了如下的话。

> 可是，1941 年 10 月发生了佐尔格事件。东条内阁在抓
> 捕尾崎秀实的同时，下令凡是接受过《治安维持法》处罚的
> 人，以及正在打官司的人，都不得进入政府以及大政翼赞
> 会。所以有泽君应该是辞职了。[1]

三十年之后的 1995 年，胁村依然说，因为出现了佐尔格事件，"东条曾对有泽说过'别干了'，所以有泽与陆军之间的关联完全切断了"。[2]晚年的胁村想干的最后一件工作是研究与有泽广已相关的秋丸机关，他和有泽既是东京帝国大学经济学部的同

---

[1] 座谈会「無力だった知識人—戦時体制への屈服」77 頁（『久野収対話集・戦後の渦の中で 4　戦争からの教訓』222 頁）。

[2] 脇村義太郎（聞き手・三谷太一郎）「回想の戦中・戦後（上）戦争と学者」『中央公論』1995 年 11 月号、168 頁。

事，又一同因为第二次人民阵线事件被逮捕。早在胁村还完全没有开展这项研究工作的 1965 年，就有传言说"有泽之所以离开秋丸机关，是因为佐尔格事件"，这个传言估计直接来源于有泽本人。胁村在他生命的最后时光里，只要接触到有关秋丸机关的演讲或者采访，就会从介绍已经被发现的《英美合作经济抗战力调查（其一）》开始，提出对于"普遍观点"的质疑，并专门拿出精力去研究秋丸机关。笔者推测，这是因为他从有泽处获得的信息与"普遍观点"之间存在差异。1941 年 9—10 月，以佐尔格为核心的"国际间谍团"被捕（9 月 27 日北林トモ被捕，10 月 10 日宫城与德被捕，10 月 14 日尾崎秀实被捕，10 月 18 日佐尔格被捕），[①] 可见，佐尔格事件扩散开来的时间段与有泽所说的"9 月下旬"完成报告文本、"9 月末"汇报、报告文本被回收烧毁等一系列事情发生的时间是重合的。

发生佐尔格事件后，胁村依然被视作"不可或缺的"人物，继续接受来自外务省的委托工作，[②] 而为什么这个事件对秋丸机关造成了影响呢？一个原因是陆军对有泽等左翼人物怀有戒心。第二章曾说过，对于左翼人物的戒心，秋丸机关从一开始就有，小原敬士因唯物论研究会事件被捕、直井武夫和八木泽善次因企划院事件被捕等事情发生后，秋丸机关对于左翼人物的戒备更甚。日本的司法当局已经掌握了有泽在德国留学期间与很多经济学家以及其他学科知识分子（这是指国崎定洞等人。国崎是东京帝国大学医学部的助教授，曾加入德国共产党日本语部，后来流亡苏联，1937 年被清洗）的交往活动。有人说有泽 1929—1932 年参加了"柏林反帝组织"，该组织在柏林活动，信仰共产主义，反对帝国主义。其实这是非常夸张的不实信息，[③] 因为有泽在 1928 年春季就已回到日本，不可能去参加那个组织。但是关于有泽过

①　也有北林トモ、尾崎秀实分别于 9 月 28 日、10 月 15 日被捕的说法。——译者
②　胁村義太郎『二十一世紀を望んで一統　回想九十年』3—4 頁。
③　加藤哲郎『国境を越えるユートピア—国民国家のエルゴロジー』平凡社ライブラリー、2002 年、88—93 頁。

去与左翼有牵连的传言，与他在第二次人民阵线事件中因涉嫌违反《治安维持法》被捕后又被保释的事实叠加，使他在遭逢日本的情报被泄露到苏联去的佐尔格事件时，理所当然地最先被陆军的秋丸机关开除了。

另一个原因是，佐尔格曾从陆军获取了大量情报，陆军趁此机会清空了所有与其在工作上有关联的左翼人物。战争结束后，负责调查佐尔格的检察官吉河光贞暗示，情报是从陆军流出，再经德国驻日大使馆到佐尔格手上的。佐尔格本人也把为获取情报而与陆军省军务局局长武藤章等与德国关联颇深的精英军官进行交流的事情记录下来了。[1] 佐尔格事件的调查结果明面上没有说该事件与陆军有直接关系，但为了应对发生在 9—10 月的佐尔格事件，军务局下属的秋丸机关切断了与有泽的关联，同时决定回收一部分登载了有可能引发问题的数据（尤其是日本相关的）的资料。笔者推测，此时采取了"烧毁不合时宜的报告文本"之类的处理办法。第三章和第四章都说过，秋丸机关确实开展了有关日本的研究，但从留存到现在的资料来看，其针对国外的研究占绝大多数，针对日本的分析资料数量极少，这也算证明了"推测"的可靠性。[2]1945 年 8 月，战争结束之际，陆海军的大量档案文件被烧毁，[3] 特别是"用于评估国力的各项资料"等，更是属于"要求必须尽快烧毁"的材料。[4]1942 年的时候，通过"颁布""推出"等方式保留下来的《英美合作经济抗战力调查》《德

① 松崎昭一「ゾルゲと尾崎のはざま」NHK 取材班・下斗米伸夫『国際スパイ　ゾルゲの真実』角川文庫、1995 年所収、277—286 頁。
② 负责日本组的中山伊知郎在谈到有关秋丸机关的资料时，说法并不一致。他曾说过："有许多研究成果是油印出来的，如今由于人员疏散都丢了，一本也没有留下。"（中村隆英・伊藤隆・原郎編『現代史を創る人びと　1』193 頁）。他还曾说过："都集中起来交出去了。"（座談会「経済政策論の発展過程およびその周辺」62 頁）。一般认为，真实的情况应该是，有关日本经济的重要资料已经被回收了，其余的由于人员疏散丢失了。
③ 田中宏巳「米議会図書館（LC）所蔵の旧陸海軍資料について」同編『米議会図書館所蔵占領接収旧陸海軍資料総目録』東洋書林、1995 年所収、ix—x 頁。
④ 橋川文三・今井清一編著『日本の百年 8　果てしなき戦線—1937~1945』ちくま学芸文庫、2008 年、503 頁。

国经济抗战力调查》的数量应该还有不少。这些报告文本和秋丸机关其他的资料，估计是在战争结束时被大量烧毁了，并不是在1941年处理的。

有泽从秋丸口中得知报告会的情形后，不久又被秋丸叫去。对此，有泽回忆道："秋丸告诉我必须马上终止相关工作。"秋丸对有泽说："副官赤松贞雄大佐过来传达严令，说是东条英机大将下达的，所以我也没有其他办法了。"[1]有泽当时就表示会马上终止相关工作。有泽还用文字记下："终止了在秋丸机关的工作后，宪兵伍长每个月还会到我家里来巡查一两次。"[2]本书已多次表明，对于陆军来说，秋丸机关报告文本的内容，其实只不过是"众多信息中的一种"而已，不会引发什么问题。如果事实真如有泽所述，有泽因"东条英机的严令"离开秋丸机关，并且有宪兵去他家巡查的话，那就应该如胁村所言，有泽的离开是因为发生了佐尔格事件。这一事件比秋丸机关的报告文本内容所涉问题严重得多。

目前东京大学经济学部资料室收藏的"有泽资料"中，有一本《美国经济战力的研究》，估计是有泽接受国策研究会的委托后，在1944年写就的。该书将《英美合作经济抗战力调查（其一）》列为参考文献（出现在第44页和第57页。这本《美国经济战力的研究》和《英美合作经济抗战力调查（其一）》装在同一个袋子里，保存在"有泽资料"中）。这说明至少在1944年的时候，有泽不认为秋丸机关的报告文本会因内容问题被回收与烧毁——至少《英美合作经济抗战力调查》不会。笔者认为，有泽在战后把1941年7—10月出现的一系列事情记混了，有关秋丸机关的"传说"在战争结束后逐渐被固化。在这个过程中，没有人去触碰佐尔格事件，于是形成了"秋丸机关报告文本因违反了国策，已经被回收并烧毁了"的认识。

---

① 有沢広巳『学問と思想と人間と』165 頁。

② 有沢広巳『学問と思想と人間と』166 頁。

大本营内的秋丸次朗和秋丸机关的"武村机关"化

1941 年 10 月 15 日，秋丸次朗被任命为陆军主计大佐，兼任大本营野战经理长官部部员，① 负责秋丸机关的事务（野战经理长官部是大本营兵站总监部的下设机构，负责人是担任陆军省经理局局长的栗桥保正，秋丸是唯一的大佐）。②

秋丸对于太平洋战争爆发的态度，可从他留下的文字中获知。他一方面写下"命中注定的大东亚战争已如大河决堤般爆发，这种劝阻（秋丸机关的报告会和岩畔豪雄手里的报告文本）无济于事"，另一方面又写下了"从现在开始才是经济战的关键"等内容。③ 秋丸虽然对于这场将会输掉的战争持否定态度，但作为一名军人，他认为还是应该完成任务。

战争爆发之后，秋丸忙于大本营野战经理长官部的工作。随着日本在南方的占领区域不断扩大，粮食补给的任务（由大本营做计划、陆军省经理局操办）的重要性更加凸显。1942 年 1 月末，秋丸的次女病亡，他因工作太忙，都没能在灵前守夜。秋丸觉得"对不起孩子，但转而想到每天有很多士兵倒在战场上，就可以克制住悲伤了，现在依然能记起那种感受"。同年 4 月，秋丸的次子也病亡了，但秋丸"考虑到战场上的情况，觉得不能一味地沉浸在悲伤之中"。④1942 年 3 月，秋丸跟随大本营野战经理长官，赴南方战场视察，⑤ 他在那段时间正忙于大本营的补给工作。

大本营的工作成为秋丸工作的重心后，秋丸机关的运作转交给武村忠雄负责。1942 年 5 月，武村与参谋本部船舶课课长荒尾

---

① 秋丸次朗「自譜」17 頁。
② 防衛庁防衛研修所戦史室『戦史叢書　大本営陸軍部〈3〉—昭和十七年四月まで』朝雲新聞社、1970 年、622 頁。
③ 秋丸次朗「大東亜戦争秘話　開戦前後の体験記—秋丸機関の顛末を中心に」13 頁。
④ 秋丸次朗『朗雲自伝』15—16 頁。
⑤ 秋丸次朗「自譜」17 頁。

兴功（战争结束时任军务局军事课课长），以及该课的参谋嬉野通轨等人一起，"主要从船舶运输的角度，研究分析战力的变化"，这项工作持续到同年初夏。这项研究的结论是："战争目前依赖船舶运输推进，而对于近代战争所必需的战略物资的运输，最多只能持续到 1944 年晚秋时节。"以这个结论为基础，荒尾带领嬉野向参谋总长杉山元汇报称："虽然当前的战况看上去一片大好，但是希望能在 1944 年末之前，结束这场光荣的战争。"同时他也向大本营陆军部战争指导班强烈表达了此意[①]（下文将介绍，1943 年春，杉山元曾考虑过议和，可能是武村等人基于研究提出的建议产生了作用）。1942 年 10 月制作的"临时军费特别主计支付额统计表"显示，当时的武村忠雄是"陆军省经济研究班"的分管领导。[②]这可以理解为，进入 1942 年后，秋丸机关实际上变成"武村机关"了。

秋丸对那段时光的回忆是："从 1942 年夏季开始，南太平洋地区的盟军进行反攻，瓜达尔卡纳尔岛的战局对日本不利，我们忙于相关的军需补给，完全没有时间考虑经济战略，研究机关也到了不得不关闭的时候。"[③]秋丸忙于大本营的工作，无暇顾及秋丸机关的活动了，这应该是个事实。1942 年 7 月，秋丸还在兼任陆军大学教官，不久后的 12 月，他受命担任驻菲律宾第 16 师团经理部部长。[④]这些情况令人觉得秋丸机关的解散和秋丸被外派都是比较突兀的。

有泽广巳的记录是："经济调查班（原文如此）在那个'报告会'召开以后，又存续了两三个月，不久之后就解散了。那时太平洋战争已经开始，听说秋丸中佐也被派到前线，去了哈马黑拉（Halmahera）岛附近，担任经理部队长。"[⑤]读着这些文字，似

① 松下芳男编『山紫に水清き—仙台陸軍幼年学校史』仙幼会、1973 年、693 頁。
② JACAR Ref.C14010181100.
③ 秋丸次朗「大東亜戦争秘話　開戦前後の体験記—秋丸機関の顛末を中心に」13 頁。
④ 秋丸次朗「自譜」18 頁。
⑤ 有沢広巳『学問と思想と人間と』165 頁。

乎能得出这样的结论：报告内容是秋丸机关被解散、秋丸遭贬的原因。但是，秋丸机关从 1941 年夏季制作好报告文本，至向领导层汇报，再到 1942 年底，这期间出版了多种资料。秋丸次朗本人也于 1941 年 10 月晋升为主计大佐，并调至大本营工作，还参与总力战研究所的工作［秋丸次朗后来并没有去哈马黑拉岛，而是去了同属马鲁古群岛（Moluccas）的安汶岛（Ambon，现属印度尼西亚）和塞兰岛（Seram）］。武村忠雄曾与秋丸一起，参加了面向领导层的报告会，前者在 1943 年以后，除参与陆军省的工作外，还参与了许多活动。从这些现象分析，应该可以确认，秋丸机关在 1942 年底解散以及秋丸前往菲律宾公干，与在 1941 年夏季召开的秋丸机关的汇报会无关。那么秋丸机关为何解散了？笔者认为，原因之一在于出现了与秋丸个人密切相关的问题，而最根本的原因在于秋丸机关的定位发生了变化。

秋丸机关的解散

1942 年 9 月 21 日，小泉吉雄等人因涉嫌违反《治安维持法》，被关东宪兵队逮捕（满铁调查部事件）。这些人在秋丸机关组建之时发挥了重要作用，后来回到了"满洲国"，都是与满铁调查部有关联的人物。[①]

关东宪兵队司令部在 1944 年出版的资料显示，小泉吉雄为推进"马克思主义观念影响下的农村协同组合运动"，企图"依靠军方的支持，维护'合作社运动'"，并以此名义鼓动"关东军某参谋"，"图谋扩大运动的声势"。[②] 对比第一章曾提到的小泉的回忆录，笔者推测此处的"关东军某参谋"指的应该就是秋丸次朗。小泉交给关东宪兵队的日常记录中写有"秋丸少佐命令把农

---

① 松村高夫・柳沢遊・江田憲治編『満鉄の調査と研究—その「神話」と実像』465 頁。
② 関東憲兵隊司令部編『在満日系共産主義運動（《満州共産主義運動叢書》第 3 卷)』極東研究所出版会、1969 年、208—209 頁。

业部门的问题归总起来""按照秋丸少佐的命令，把带有'就成立组合开展研究'意思的语句写入"等内容，秋丸的名字多次出现。[1] 满铁调查部事件完全是关东宪兵队捏造的，小泉后来也被暂缓起诉了。在企划院事件和佐尔格事件之后，又出现了满铁调查部事件，可以认为，与小泉关系密切的秋丸及秋丸机关已经被视作需要关注的问题了。

战争结束后，小泉回忆说，他因满铁调查部事件被捕之际，曾与他在关东军第四课共事过的秋永月三（时任企划院第一部部长），特地来为他的事说明情况。1943 年 5 月，秋永被派往布干维尔岛（Bougainville）担任第 17 军参谋长。[2] 对于秋永"遭贬"，小泉认为有可能是秋永为自己说明情况一事招致了首相东条英机的不悦。[3]

若把秋永"遭贬"的事情结合起来考虑，应该说秋丸机关在 1942 年底解散，以及秋丸"遭贬"至菲律宾的事，都与秋丸机关的研究内容无关，很可能其实是对与满铁调查部事件相关的、陆军内部关东军相关人员的人事调整。1942 年底，加入过秋丸机关的蜡山政道等人，开始在菲律宾以"比岛调查委员会"的名义开展活动，[4] 但不知此事与秋丸赴菲律宾一事之间存在什么关联。

---

[1] 小泉吉雄「手記」小林英夫・福井紳一『満鉄調査部事件の真相—新発見史料が語る「知の集団」の見果てぬ夢』小学館、2004 年所収、238—240 頁。但是，围绕该书的史料解读，出现了多种批判性意见。参见以下资料。松村高夫・柳沢遊・江田憲治編『満鉄の調査と研究—その「神話」と実像』、松村高夫「満鉄調査部弾圧事件（1942・43 年）再論」『三田学会雑誌』第 105 巻第 4 号、2013 年及江田憲治・伊藤一彦・柳沢遊「学問的論争と歴史認識—小林英夫・福井紳一氏の「批判」によせて」『社会システム研究』第 17 号、2014 年。还可参考以下回忆文章。枝吉勇『調査屋流転』私家版、1981 年、95 頁。「石堂清倫氏に聴く」『東京帝大新人会研究ノート』第 16 号、1994 年、150—151 頁。

[2] 伊藤隆「秋永月三研究覚書」同『昭和期の政治［続］』山川出版社、1993 年所収、231—232 頁。秋永因患重病，于 1943 年 10 月回到日本，后担任军需监督官、综合计划局长官等职务。

[3] 小泉吉雄『愚かな者の歩み—ある満鉄社員の手記』156—157 頁。

[4] 盛田良治「日本占領期フィリピンの現地調査」『人文学報』（京都大学人文科学研究所）第 79 号、1997 年。

除了以上提到的众多因素外，当时与陆军有关的官方研究机构正在不断扩充，这也是秋丸机关解散的原因之一。1941 年 4 月，上文提到的总力战研究所开始招收进修生开展活动，秋丸从同年 10 月开始兼任该研究所所员。

1941 年 5 月 29 日，日本经济联盟会对外委员会进行改组扩充，成立了半官半民的智库，名为财团法人世界经济调查会，该会规模仅小于满铁调查部和东亚研究所。日本经济联盟会对外委员会成立于 1939 年 4 月，美浓部洋次和迫水久常等改革派官僚，以及陆军省军务局军务课的军人们参加了该委员会，主要从事向海外宣传日本"国策"的工作。后来随着日美关系的恶化，迫水和美浓部强调应"详细调查敌国的战力"。委员会从日本国内和"满洲国"以及民间渠道筹集资金，用于成立和运转这个调查会。[①]第三章已述，美浓部洋次收藏的资料中包含秋丸机关的《经济战的本质》，由此事可推测，美浓部知道秋丸机关的活动内容。在 1941 年初这个时节，美浓部强调应"详细调查敌国的战力"，这也许意味着，在秋丸机关的研究工作延迟的过程中，他逐渐对该机关的研究内容不抱什么期待了。世界经济调查会在太平洋战争爆发之前就开始出版报告，已然开展了许多研究工作。开战后，乘坐交换船从美国回国的都留重人参加了该调查会（世界经济调查会在战争期间的大量资料，保存在名古屋大学收藏的《荒木光太郎文书》中，因为荒木光太郎是该会的客座研究员）。

笔者认为，满铁调查部事件的出现，说明秋丸次朗等出身于关东军第四课的军人遭到怀疑，同时因其他官方的经济调查机构陆续建立起来，秋丸机关的作用被认为发挥殆尽，最终走向解散。

秋丸机关解散之际，其原有的研究职能被转至总力战研究

---

① 小堀聡「日中戦争期財界の外資導入工作—日本経済連盟会対外委員会」『経済論叢』（京都大学）第 191 巻 1 号、2017 年。澤田壽夫編『澤田節藏回想録——外交官の生涯』有斐閣、1985 年、230 頁。

所,^① 重要的文献图表等由陆军省经理学校研究部代为保存。^② 处理完这些事情后，1942 年 12 月 15 日，秋丸次朗被任命为第 16 师团经理部部长。12 月 19 日，陆军省经理局局长栗桥保正和秋丸机关的相关人员，赶到东京车站为出征的秋丸送行。^③

秋丸次朗后来的生活

1943 年 12 月，秋丸次朗在担任了一年多驻菲律宾第 16 师团经理部部长后，又赴安汶岛担任第 19 军经理部部长^④（秋丸离开后，在 1944 年 10 月开始的莱特岛战役中，第 16 师团被歼灭）。1944 年 8 月，安汶岛上的货仓遭到盟军的空袭，存放在内的衣粮补给等损失惨重。岛上部队决定搬到与安汶岛相邻的塞兰岛上寻求生路,^⑤ 秋丸担任第 19 军搬赴塞兰岛的先遣队队长^⑥。

驻守在塞兰岛上的陆海军共计 3 万人，因为粮食极端不足，陆海军经常发生冲突。根据秋丸的提议，陆海军在陆军司令部内共同成立了一个组织，意在实现补给与民政的一元化。这个组织也被称为"秋丸机关"。^⑦ 塞兰岛上的日军为了活下去，想方设法地在山间丛林中开垦土地，种植红薯与木薯，还尝试从西谷椰子树中提取淀粉食用。^⑧1945 年 3 月，第 19 军司令部解散，原司令部成员改称本土决战要员。秋丸受命返回国内时，当时的司令官

①　秋丸次朗是这样写的："出谋划策的工作转移至中野学校（培养秘密战士的机构）。"（秋丸次朗「大東亜戦争秘話　開戦前後の体験記—秋丸機関の顛末を中心に」13 頁）。
②　战争刚结束时，陆军经理学校的约 27500 册图书被捐赠给了当时的东京产业大学（现在的一桥大学），后来约 10400 册被返还给陆上自卫队，剩余的约 17100 册目前在一桥大学附属图书馆内，作为"旧陆军经理学校旧藏图书"保存着（一橋大学附属図書館編・発行『一橋大学所蔵文庫・コレクション紹介』2006 年）。
③　秋丸次朗『朗風自伝』16 頁。
④　秋丸次朗「自譜」18 頁。
⑤　奥隆行『南方飢餓戦線——主計将校の記』山梨ふるさと文庫、2004 年、166 頁。
⑥　秋丸次朗「自譜」18 頁。
⑦　まいけ編集室編・兼久文治監修『限りある身の力ためさん—西田安正　風雪の七十余年』まいけ編集室、1994 年、55—58、285—286 頁。
⑧　奥隆行『南方飢餓戦線——主計将校の記』223—237 頁。

北野宪造是这样表扬他的："（秋丸）自 1943 年 12 月任军经理部部长以来，遵奉司令官之意，统率下属，克服诸多困难，处理复杂繁重之经理业务，面面俱到地执行了各项政策，确立了军队自助的机制。"[1]

1944 年 12 月，日本陆军为了应对可能发生的盟军登陆日本本土的作战，设立了专门准备空战的第 6 航空军司令部，司令官由菅原道大中将担任。盟军对冲绳发起攻击后，1945 年 3 月 10 日，第 6 航空军司令部从东京搬至福冈。第 6 航空军的核心是特攻队，其任务是从知览等航空基地出发，飞向冲绳方向进行特攻作战。[2]

1945 年 4 月，秋丸飞回国内后，担任第 6 航空军经理部部长。关于这个岗位，秋丸在其"自谱"中写道，因建设特攻队基地（饭野、小林）一事，曾赴当地视察（饭野是秋丸的故乡）。[3]司令官菅原道大于 1983 年离世，他在生命的最后阶段患有认知障碍症，却唯独把第 6 航空军执行特攻任务的事情记在心头。他对家里人说："经理部部长，那里的军人还饿着肚子呢，得先让他们吃上东西啊。"[4]这里喊的"经理部部长"，应该就是秋丸。

对于在秋丸机关工作时的秋丸来说，开展对各国经济抗战力的研究，"是军务带来的工作之一"。但是后来，他在南方战场面对过的饥饿，在战争末期看到过的特攻作战，从某种意义上让他亲身体验了"日本国力的上限"。笔者估计，这促使他在战争结束后去深刻思考"避免战争"的意义。

秋丸在战争结束后担任了两届饭野町的町长，他在克服财政

① 若松会编・発行『陸軍経理部よもやま話』1982 年、322 頁。

② 生田惇『陸軍航空特別攻撃隊史』ビジネス社、1977 年。

③ 秋丸次朗「自譜」18 頁。同时参见飯島正三・江藤則男「苧畑（坂元）飛行場建設秘話」『えびの』第 47 号、2013 年。

④ 大貫健一郎・渡辺考『特攻隊振武寮—証言・帰還兵は地獄を見た』講談社、2009 年、280 頁。

赤字、振兴牧业、发展旅游业、稳定民生方面做了许多工作① （以町长身份赴东京时，据说岸信介曾去迎接他）。社会福祉协议会成立后，他长期担任会长一职。也许是受到"败军之将何以言勇"的观念影响吧，他很少提及自己的过往。②但在 1983 年出版的陆军经理学校同窗会（若松会）的刊物上，刊登了他关于秋丸机关的回忆文章，在文章末尾，他是这样写的。

经济研究班和晚于它成立的总力战研究所，对于第二次世界大战的进程，都几乎没有做出什么贡献，皆为悲剧性结局。回顾因果，领导层在1939—1940 年确定了陆军的南进方针后，预见到日本将因挑战英美被卷入前所未有的大战中，才匆忙着手成立经济研究班、总力战研究所等调查研究机关，这种"临阵磨枪"式的做法就是原因之所在。我痛切地感受到，即使是按照专守防卫的思路思考国防和战争等问题，也应在平时就做好科学的、学理层面的准备，常设此类机构是非常重要的。③

1992 年 8 月 23 日，93 岁的秋丸去世。

武村忠雄后来的生活

在秋丸机关解散之后，武村忠雄继续活跃在多个领域。武村被警视厅特高课视作"马克思主义者"，被内阁情报局视作"美英派"，④但他依然担任着庆应义塾大学的教授，并以这个身份在杂志、报纸上发表评论。他还是现役陆军主计军官，在陆军省经

---

① 秋丸次朗「町長盛衰記」『若松誌通巻一五〇号記念　若松　総集篇』陸軍経理学校同窓会若松会、1995 年、39 頁。
② 秋丸次朗「大東亜戦争秘話　開戦前後の体験記—秋丸機関の顛末を中心に」9 頁。
③ 秋丸次朗「経済戦研究班後日譚—『陸軍経理部よもやま話』追補として」5 頁。
④ 畑中繁雄『覚書　昭和出版弾圧小史』図書新聞社、1965 年、57—59 頁。

169

理局工作，参与了战争期间的很多活动。

秋丸次朗在关东军第四课任职时，鲇川义介领导的日产联合企业在秋丸等人的协助下，搬至"满洲国"经营。鲇川后来利用出售企业（日本矿业和日立制作所）的股票所得的一部分资金，于 1942 年 9 月成立了财团法人义济会。义济会的活动目标是，"在以日本为核心的亚洲，围绕财政经济开展创新性的研究，以期为我国运之发展做出贡献"。为此"需要设立专门研究机构，对财政、经济及相关事项进行研究、实验、演练，义济会提供一切必要之设备及资金，并对机构运营提供指导"。这里所指的演练，据鲇川介绍，就是"演习或模拟战"等，现在叫作模拟实验。[1]本书第五章曾提及模拟演练，这可能就是参照总力战研究所的演练提出来的。为了开展这项事业，义济会专门下设经济研究会。1943 年春，又在这个研究会下成立了直属机构战时产业研究所，陆军省为此派出陆军省经理局的主计少尉武村忠雄，海军则派出了天川勇（庆应义塾大学讲师）。这两人作为核心人物，秘密集结了陆海军内的骨干佐官二十余人，携带相关资料，专门研究如何维持与加强战争力量。从同年 7 月开始，除了武村、天川继续担任干事的职务外，研究所还增添了新的成员。例如长崎英造，他当时任昭和石油社社长（战争结束后任产业复兴公团总裁），研究所还吸收了河合良成（战争结束后任小松制作所社长）等实业家，研究造船、电力、粮食、燃料等方面的问题。[2]

武村既是陆军的现役军官，也是海军的智囊，想必他能从战时产业研究所等机构获得一些信息。为了与陆军相匹敌，海军省调查课课长高木惣吉从 1940 年开始，正式着手组建海军的智囊机构。他通过天川勇请庆应义塾大学校长小泉信三推荐经济学家，小泉推荐了武村和财政学家永田清。加入过秋丸机关的中山

---

① 宇田川胜「『鮎川義介　回想と抱負』（稿本、5）」『経営志林』第 43 巻第 1 号、2006年、86 頁。市川新「鮎川義介の産業組織心理と義済会経済施策演練」『流通経済大学論集』第 42 巻第 2 号、2007 年。

② 宇田川胜「『鮎川義介　回想と抱負』（稿本、5）」87 頁。

伊知郎，也曾接受过海军大学的委托工作。海军方面请他从东京商科大学推荐人选时，他推荐的是赤松要和板垣与一。[①] 高木的下属还曾咨询胁村义太郎："陆军成立了秋丸机关开展研究，海军也正想成立一个类似机构。让谁来做这件事好呢?"胁村推荐的是政治学家冈义武（冈义武拒绝了）和矢部贞治，还推荐了经济学家——东京帝国大学经济学部的大河内一男。[②]

　　第一章曾介绍过，海军省很早以前就开始关注秋丸机关，此时再参考胁村的这番话，笔者推测，秋丸机关的成立促使高木惣吉决心着手组建海军的智囊机构。武村和永田清、大河内一男、矢部贞治、高山岩男（哲学家）等人一起，加入了综合研究会，这是海军最重要的智囊机构。国防经济研究会的别称叫别动队，武村又和大河内、永田、板垣、大熊信行等经济学家一起加入了该组织。[③] 另外，武村还和矢部、大河内、高山等参加了总力战研究所海军特别委员会。[④] 中山定义（战争结束后任海上幕僚长）曾在海军省军务局负责智囊机构的运转工作，他说武村是个"能自由出入陆海军的特殊人物"。[⑤]

　　1943 年 4 月 10 日，在海军省调查课的综合研究会上，武村和矢部贞治一起分析了国际形势，武村"从物质生产力的角度，对各国在 1945 年之前的抗战力进行评估"。武村认为，"日德意的潜水艇若不能维持住击沉对方商船 100 万总吨的打击强度"，让"美英的船舶得以喘息，美英就可能会在'巴尔干''意大利'发动大规模作战，德国则会被逼入险境"。武村对于德国的抗战力做出了正确的预测，他认为在 1944 年上半年时，德国将"无法同时在两面作战，生产力将处于危机状态，国内也会出现动

① 辛島理人『帝国日本のアジア研究―総力戦体制・経済リアリズム・民主社会主義』明石書店、2015 年、59 頁。
② 脇村義太郎「学者と戦争」164―165 頁。
③ 辛島理人『帝国日本のアジア研究―総力戦体制・経済リアリズム・民主社会主義』65―66 頁。
④ 伊藤隆『昭和十年代史断章』東京大学出版会、1981 年、172―173 頁。
⑤ 中山定義『一海軍士官の回想―開戦前夜から終戦まで』毎日新聞社、1981 年、243 頁。

荡", 下半年"将陷入更紧迫的状态", 1945 年时"将会失去抗战力"。[①]

第六章曾介绍过, 1943 年 11 月 21 日, 武村对细川护贞做过说明, 他谈道: "预计美英（的经济抗战力）在明年上半年达到上限, 苏联会在今年末达到上限, 德国在今年末处于下行状态。现实果真如此的话, 德苏在今年末都处于极端疲惫的境地, 待这两国疲惫后, 英美有可能于明年春季结成第二战线。"[②]1944 年 3 月, 武村在海军大学研究部起草的《决战期总力战战略纲要》中, 根据同样的分析做出预测: "美英有可能接替苏联, 在五六月前后对德发动大规模的第二战线战役。"[③]盟军的诺曼底登陆作战发生在 1944 年 6 月 6 日, 事实证明武村的分析准确得令人吃惊。战争结束后, 细川护贞回忆起武村的分析内容, 认为武村"准确地把握了世界发展动向", "我非常惊讶地认识到, 学术研究真的能那么准确地预测未来的事情"。[④]

1943 年 3 月, 参谋本部战争指导课课长松谷诚获得参谋总长杉山元的支持, 较早地开始研究议和事宜。[⑤]而杉山元是在知晓昭和天皇的意思后才表态的。松谷曾对改革派官僚毛里英於菟说: "要研究如何从战争走向和平, 还要研究战争结束后的处理。"松谷还回忆道, 在陆军省经理局工作的武村, 从 1943 年秋季开始, 就参与到针对美英国力评估的调查研究项目中去了。[⑥]1943 年 10 月, 参谋本部进行机构改制后, 松谷担任参谋本部战争指

---

① 「世界大戦今後ノ見透シ」調査課綜合研究会、1943 年、土井章監修・大久保達正ほか編『昭和社会経済史料集成　第十九巻　海軍省資料（19）』大東文化大学東洋研究所、1994 年所収、26—28 頁。

② 細川護貞『細川日記　上』40 頁。

③ 武村忠雄氏述「決戦期綜力戦戦略要綱」海軍大学校研究部、1944 年、土井章監修・大久保達正ほか編『昭和社会経済史料集成　第二十三巻　海軍省資料（23）』大東文化大学東洋研究所、1997 年所収、488 頁。

④ 細川護貞「元老・重臣の動き」『語りつぐ昭和史　激動の半世紀 3』朝日新聞社、1976 年所収、307 頁。

⑤ 山本智之『主戦か講和か—帝国陸軍の秘密終戦工作』新潮選書、2013 年、103 頁。

⑥ 松谷誠『大東亜戦争収拾の真相「新版」』芙蓉書房、1984 年、70 頁。

导班班长，这个岗位直属于参谋总长和次长。此后他仍然负责推进有关议和的研究。[①]1944 年 3 月，战争指导班做出的预测认为，日本将在同年七八月前后达到国家物质力量的上限。6 月 29 日，松谷向从 2 月起兼任参谋总长的东条英机建议，若德国战败，日本可以通过苏联调停、保住国体的方式来结束战争。但该建议招致了东条的不快。7 月 3 日，松谷被任命为中国派遣军参谋。[②]没过几天，7 月 22 日，小矶国昭新内阁成立，松谷又被召回东京，担任陆军大臣杉山元的秘书官。此后，松谷陆续邀请多人交换意见，讨论如何收拾战争残局。[③]他的邀请名单中，除了毛里和武村外，还有同盟通信社的长谷川才次（后来任时事通信社董事长）、当时在外务省工作的都留重人、太平洋问题调查会的平野义太郎、司法省检事局的关之（历任公安调查厅总务部部长、最高检察厅检事，曾起草《破坏活动防止法》的草案）。

　　1945 年 4 月，松谷担任首相铃木贯太郎的秘书官，他把研究如何结束战争的相关工作委托给了武村和毛里。[④]根据松谷的记录，当时提出的政策指出，"空袭损害了（日本的）交通运输能力，在 6—8 月，（日本）极有可能陷入瘫痪状态"，"因运输能力的下降、工厂被毁坏、劳工不足，军需生产难以为继，近代战争无法持续下去"，日本将在 1945 年夏季丧失经济抗战力，因此应将目标定为"建设本土的彻底的续战体制"。这段话的意思，并不是要将本土决战当作目标，而是计划在盟军有可能登陆九州的夏季之前，"改变那些软弱的、散漫的、自私的国民思想观念，为未来重建国家加强国民团结"，要将战斗的姿态保持到最后一刻（烧过的枯草，才能在春天发出坚强的新芽）。[⑤]苏联为了在战争结束后掌握决定权，提出了和平方案。日本欲利用这一时机，

① 山本智之『主戦か講和か——帝国陸軍の秘密終戦工作』98—99 頁。
② 鈴木多聞『「終戦」の政治史　1943 - 1945』東京大学出版会、2011 年、63 頁。
③ 松谷誠『大東亜戦争収拾の真相「新版」』115—117 頁。
④ 松谷誠『大東亜戦争収拾の真相「新版」』158—159 頁。
⑤ 松谷誠『大東亜戦争収拾の真相「新版」』286—287 頁。

在"诏敕"下令停战之后，"使美英苏在对日处置方案上产生不同意见，趁机引导形势的发展"。[1]日本想通过强化"彻底的续战体制"，表面上为自己保留一定的主导权。按照这种思路提出的结束战争的和平方案，与首相铃木贯太郎的观念一致。铃木认为，日本寻求的和平方案，绝不能让本国国民失去士气。在6月8日召开的御前会议上通过的《今后应采取的战争指导基本大纲》，也体现了以上想法，大纲决心"要为走向战争终点搭建通道"。[2]

实际上，战争结束的最直接原因是原子弹的轰炸，苏联对日本宣战也是原因之一。此前日本希望苏联扮演和平调停者的角色。加入秋丸机关的人员中，至少武村是在为政府官方开展终战活动准备相关说辞方面做出了贡献的。战争结束后，武村在回忆起他和松谷等人一起做的这些事情时说："究竟要怎样才能使战争走向终结呢……就像是在（给这个国家）办葬礼一样，多么恐怖啊。"[3]

战争刚刚结束之际，武村以松谷集团成员的身份，与毛里、矢部贞治、平野义太郎、秋永月三以及从缅甸回国的岩畔豪雄等人一起，反复琢磨对未来的设想。[4]东京审判开始后，因武村曾是松谷集团的成员，他还就"战犯问题"协助起草了为日本辩护的文件。武村向远东国际军事法庭提交的文件《从经济学立场论证大东亚战争的必然性》中，为日本的行为进行了辩护。文件提出，日本苦于人口过剩，不得不寻求海外市场，但是英国等国拒绝日本产品，当日军进驻法属印度支那南部后，又遭到石油禁运。文件中写道："此时我国陷入困境，对于无法购买到手的东西，只能通过盗取获得，这才爆发了太平洋战争……太平洋战争爆发的

---

① 松谷誠『大東亜戦争収拾の真相「新版」』305—306 頁。
② 波多野澄雄「鈴木貫太郎の終戦指導」軍事史学会編『第二次世界大戦（三）—終戦』錦正社、1995 年所収、62—64 頁。同『宰相鈴木貫太郎の決断—「聖断」と戦後日本』岩波現代全書、2015 年、90—100 頁。
③ 増井健一「ひとりの経済学者の思想と行動—第二次世界大戦と武村忠雄」231 頁。
④ 松谷誠『日本再建秘話　東京裁判や再軍備など—動乱の半世紀を生きた元首相秘書官の回想』朝雲新聞社、1983 年。

经济方面的间接原因和直接原因在于，垄断的国际经济秩序没有给日本提供其他选择，日本只能通过战争扩张领土，解决人口问题。这才催生了这种罪恶。"[1]

战争结束后，从松谷集团的资料中发现，其"顾问团"名单中除有武村、岩畔之外，有泽广巳的名字也赫然在列。[2]虽然不知有泽与松谷集团的密切程度如何，但这个连武村、岩畔都包括在内的松谷集团，称得上秋丸机关的后继组织之一。

战争刚刚结束之际，庆应义塾大学解除了武村的教职，民主主义科学者协会（日本共产党系统的学术团体）认为他是学术界的一名战争责任人。[3]他没有为自己在战争时期的行为做过任何辩解，而且再也没有出版过有关经济理论的学术著作。战争结束后，武村以经济评论家的身份活跃在报纸、电视等媒体上，还担任社团法人日本经济复兴协会（现在的一般社团法人日本经济协会）的专务理事、理事长等职务，从事预测经济发展趋势和指导会员等工作。[4]预测经济发展也是以生产力为基础展开的分析工作，武村在战争期间做过多次预测经济抗战力的工作，这些经历想必在此时发挥了作用。1987年12月14日，82岁的武村去世。

有泽广巳后来的生活

1942年9月28日，第二次人民阵线事件的一审判决公布，判处有泽广巳有期徒刑2年，缓期3年执行（同时判决大内兵卫、美浓部亮吉、胁村义太郎无罪）。1944年9月，二审判决公

---

① 武村忠雄「経済学的見地に立ちて大東亜戦争の必然性を論証す」国立公文書館所蔵（A 級極東国際軍事裁判弁護関係資料73・第二類（ロ）その32、請求番号平11 法務02640100）。
② 大谷伸治「松谷誠陸軍大佐グループの活動―新憲法を先取りした「団子坂研究会」」『日本歴史』第815号、2016年、62頁。
③ 柘植秀臣『民科と私―戦後―科学者の歩み』勁草書房、1980年、61頁。
④ 増井健一「ひとりの経済学者の思想と行動―第二次世界大戦と武村忠雄」223頁。

布，除大内、美浓部、胁村之外，有泽也同样无罪。[1]但是东京帝国大学不顾判决结果，不允许有泽等人复职，命令他们停职。1939年秋季以后，有泽接受东京芝浦电气（东芝）社长山口喜三郎（其儿子参加过有泽的研究小组）的邀请，与刚开完董事会会议的董事们共同讨论经济问题，这项活动每月进行一次。当有泽的无罪判决公布后，山口马上邀请有泽担任东芝的顾问。[2]

还有一件有泽没有提过的往事。据当时主持国策研究会的矢次一夫说，国策研究会在太平洋战争爆发后，在研究会内部成立了"大东亚问题调查会"，同时进行了事务局的机构改革。矢次担任总务局局长，经济评论家高桥龟吉担任调查局局长，当时事务局向有泽和铃木安藏（宪法学学者，战争结束后起草了《宪法草案纲要》）安排了一些工作。矢次因"某朋友的推荐"邀请有泽担任常驻顾问。矢次本人是陆军省军务局局长武藤章的智囊，所以与陆军军官来往密切。矢次曾说过，"日本向东南亚地区进发后，到底应发展哪种经济形态？既然日本以新秩序为口号，帝国主义的形态是否还合适？哪种经济形态为佳？现在的学术界和政策界都如堕云雾。我希望有泽能从学术角度协助我解决这些问题"。[3]从以上这些情况分析，有泽加入国策研究会所做的工作，估计就是他在秋丸机关曾做过的研究工作。大宅壮一曾说过，矢次主持的国策研究会，就像是有泽、铃木这类"左翼或有进步倾向"的学者的庇护所。[4]在战争刚刚结束时，有泽收到矢次发来的参加"协同民主主义"运动的邀请，因为有泽记得"前些年曾

---

[1] 我妻栄編集代表『日本政治裁判史録　昭和・後』297—298 頁。有泽广巳（有沢広巳『学問と思想と人間と』157 頁）写道："1941 年 7 月，一审判决下达。"胁村义太郎（脇村義太郎『二十一世紀を望んで―続　回想九十年』4 頁）写道："判决是在 1941 年 9 月由地方法院下达的，无罪。"两者的记忆不同。

[2] 有沢広巳『学問と思想と人間と』156、167 頁。

[3] 矢次一夫『昭和動乱私史　下』296 頁。

[4] 大宅壮一「矢次一夫」『大宅壮一全集　第 13 巻　昭和怪物伝』蒼洋社、1981 年所収、335 頁。

受到过他的关照"，所以就答应了。[1]1945 年 11 月，国策研究会的后继组织——新政研究会成立了，矢次以及中山伊知郎、大河内一男、市川房枝、东畑精一、高桥龟吉、矢部贞治等都是该会的发起人。[2]

有泽加入国策研究会，是因为担任该会调查局局长的高桥龟吉邀请他进行"战后研究"。1943 年末，高桥对时任东条内阁大藏大臣的贺屋兴宣说："朝野全力在做推进战争的方案，但无论怎么努力，我们都离战败不远了。当务之急是找人研究战争结束后的对策。我建议在相对自由的我那里（高桥经济研究所）做这件事，但为此需要动员各方面的专家、人才，以及大量的经费。请考虑可否对高桥经济研究所实行特殊政策，允许其接受银行的捐款等。"不久（1944 年 2 月），贺屋虽然辞去了大藏大臣的职位，但经他与"财界某大腕"沟通后，高桥经济研究所获得了经费支持。研究的全部责任则由高桥承担，"万一被宪兵队知道了，就说是在从事'在不分胜负的情况下停战'的研究，不能明说是在做有关战败的研究，但其实就是在研究战败后的对策"。[3]高桥邀请有泽进行战后研究，是因那时"日本将要战败，需要有人思考战败后的日本经济会怎样，如何重建等问题"，他指示有泽说："你对德国上次大战的失败情况做过详细研究，要充分利用这一点，思考日本此次战败后会变成什么样。"[4]有泽每天都去高桥经济研究所，高桥则为支持有泽的研究购买了许多书籍。[5]

从 1944 年开始，有泽与海军也建立了联系。海军的主计中佐伏下哲夫，在东京帝国大学当委培生时参加过大内兵卫的研究小组。1944 年 1 月，他搭乘潜水艇从德国回日本后，被分配到海

① 有沢広巳「戦後日記」『歴史の中に生きる』所収、54—55 頁。
② 矢次一夫『わが浪人外交を語る』東洋経済新報社、1973 年、4—5、387—388 頁。
③ 高橋亀吉『『私の実践経済学』はいかにして生まれたか』東洋経済新報社、2011 年、232—233 頁。
④ 有沢広巳（聞き手・矢野智雄）「戦後日本経済の再建」71—72 頁。
⑤ 有沢広巳『学問と思想と人間と』166 頁。

军省调查课。他是以高木惣吉少将为核心的反东条内阁集团的成员。伏下将有泽请到位于筑地的饭馆（估计是高木等人经常前往聚会的饭馆"增田"），问计于有泽："日本的形势非常不好，先生有什么想法？"有泽证实，在那里"聚集着海军的一帮人。他们在那里商议如何扳倒东条内阁"。[①]伏下经常去高桥经济研究所，向有泽"倾吐郁闷"，[②]虽然他达不到有泽、武村那样的水平，但也称得上是海军智囊。1944 年 7 月，东条英机内阁倒台，高木、伏下等人的倒阁运动在其中起到一定作用。日本向结束战争迈进了一步。

1944 年 11 月，有泽带着家人疏散至东京附近的八王子村（现在的八王子市）。1945 年 5 月，有泽位于初台的家和藏书都因空袭而被烧毁。[③]包括与秋丸机关有关的资料在内，有泽在战前和战争期间收藏的资料因此失去了大半。8 月，日本宣布接受《波茨坦公告》。9 月，有泽幼小的第三个女儿因病死去，此事成为有泽开始写日记的契机。他在记录女儿的死亡时写道，这是因为疏散地没有医生以及缺乏粮食、人手不足等。他还哀叹道："总之是因为战争""因为战争而死"。[④]

大来佐武郎（后来担任日本经济研究中心理事长、外务大臣）曾在昭和塾（昭和研究会的教育机构）学习，还在"大东亚省调查课"全面负责过电力和工业工作。1943—1944 年，他预感到日本将战败，就开始考虑战争结束后日本经济的重建问题。大来请他的东京帝国大学电气工学专业的学弟后藤誉之助与他合作，在征求了石原莞尔、石桥湛山的意见，并获得他在昭和塾的老师、评论家平贞藏的支持后，招揽多位学者成立了"日本本土自救方策研究会"。该研究会表面上宣称，由于受到盟军潜水艇的袭击，来自大陆的物资无法运抵日本，要组织学者研究自给方案，其实

① 有沢広巳（聞き手・矢野智雄）「戦後日本経済の再建」92—93 頁。
② 有沢広巳『学問と思想と人間と』167 頁。
③ 『有澤廣巳の昭和史』編纂委員会「略年譜」『歴史の中に生きる』所収、300 頁。
④ 有沢広巳「戦後日記」4 頁。

是要研究战争结束后的方案。研究会首次大会于 8 月 16 日召开，战争正好在前一天结束，所以当天可以毫无顾忌地讨论战后的事情。"大东亚省"解散之后，大来等人转入外务省，研究会更名为外务省特别调查委员会，可以公开开展活动。它作为外务省的非正式委员会，并不属于正式的政府咨询机构，日常的运作由大来和后藤负责，其人员除官僚、财界人物外，还有有泽、大内兵卫、胁村义太郎、山田盛太郎、宇野弘藏、中山伊知郎、东畑精一、都留重人等经济学家，他们超越自身立场参加这个委员会。[1]有泽曾谈道："在这个委员会里，谁都可以无拘无束地发表意见。大家热烈地、认真地交换意见。为了发展新生的日本经济，大家都希望通过集思广益确立基本方针"。[2]

1946 年 3 月，外务省特别调查委员会将研究成果汇总为《重建日本经济的基本问题》，书中分析了当时日本经济的情况，并提出今后的发展方向，社会各界争相阅读。[3]该书"前言"里列出的人物中，加入过秋丸机关的有：有泽广巳、近藤康男、中山伊知郎和森田优三。稻叶秀三参与起草了企划院在 1940 年提交的《应急物资保障计划试行方案》（本书第三章介绍过该方案），他后来因企划院事件被捕。

《重建日本经济的基本问题》列举了日本面临的许多问题，比如日本因战败遭受重创、战争结束后要用实物（失去生产能力）支付赔偿（后因冷战而被大量削减）、"粮食恐慌和庞大的失业人口"、"通货膨胀的加剧"等，并对这些问题展开详细分析，强调了问题的严重性。该书认为，虽然日本遇到了诸多困难，但"对于激烈的战争与战时经济的亲身经历，以及众多的宝贵教训，

[1]　大来佐武郎『大来佐武郎　私の履歴書—日本人として・国際人として』日本経済新聞社、1977 年、51~56 頁。

[2]　有沢広巳『学問と思想と人間と』175 頁。

[3]　本部分中有关外务省特别调查委员会以及《重建日本经济的基本问题》的表述，来自以下资料。中村隆英・大森とく子編『資料・戦後日本の経済政策構想　第一巻　日本経済再建の基本問題』東京大学出版会、1990 年。

都是留给日本民族的馈赠"。日本的战时经济一方面使"日本实现了在各种机械上的技术自主","另一方面，迫于现实需要，还培养了大量的技术人员、征用工和重工业工人"。日本不需要再支付军费和"经营殖民地所需费用"，以前积累起来的计划经济的经验和训练，变成了有利的条件。书中期待"来自外部的、被输送进来的"民主主义的兴起能够"不断催生出已经觉醒的、负有责任感的国民，这最终会有助于提高生产力"。

在这种分析的基础上，该书的后半部分强调，随着农业生产合理化的推进，农业经营逐渐稳定，这将会振兴面向农村市场的工业生产，"目前只有劳动力是充足的，在不允许劳动力直接外流的环境下，工业产品能将劳动力转换成商品形式，应把重点放在工业产品的出口上"。但是对外贸易会受到本国无法把控的因素的影响，所以"应该紧盯国际分工的大趋势，同时安排好国内资源的开发利用"。该书在"结语"部分提出，为解决人口过剩问题，移民确有必要，但应"先在日本建设起真正的民主政治，彻底地开发国土，励精图治，以此挽回世界对自己的信任，然后日本才有资格向世界提出自己公正的主张"。

《重建日本经济的基本问题》并未指望自身所进行的分析和提出的建议能直接反映在日本政府的政策上。但是作为主张削减日本战后赔偿和强调发展重工业的资料，它被送到了GHQ，后来似乎起到了一定作用。

当时日本的进口事务归GHQ管理，基本上无法开展，外加因战争失去了大量的国家财富，所以日本经济完全依赖国内资源和过去的库存，处于极端严峻的困境。为了重建日本经济，需要扩大消费品生产的基础原料（钢铁和能源）的生产。

第一次吉田茂内阁成立后，有泽被推荐为主管经济行政事务的经济安定本部的首任长官，但是他没有接受。1946年夏秋之际，有泽成为吉田身边的"午餐会"的成员，其成员实际上是吉田的私人智囊。"午餐会"成员除了有泽，还有中山伊知郎、东畑精一、大来佐武郎、茅诚司（物理学家，后来的东京大学校长）、农业大臣和田博雄、吉田的亲信白洲次郎等，他们主要探讨时事问题。

1946 年中，恢复生产的工作已全面展开，加入了外务省特别调查委员会的有泽、稻叶、大来等人提出，煤炭是产业的基础，应向煤炭行业优先分配资源，促进煤炭和钢铁行业的交替增长发展，带动经济整体的扩大再生产。这个构想后来被称为"倾斜生产方式"。[1]

1946 年 7 月末，首相吉田向 GHQ 最高司令官麦克阿瑟诉说了日本经济面临的危机。麦克阿瑟答应，为了日本经济的复兴，允许紧急进口相关物资。于是日本开始讨论具体的紧急进口物资清单。从 7 月开始，有泽、大来等建议通过建设国内体制渡过经济危机，但为此需要保证一年的煤炭产量至少达到 3000 万吨。他们的规划是，如果能紧急进口重油用于钢铁生产，再将生产出来的钢材用于煤炭生产，就有可能促进煤炭增产。这项规划在"午餐会"上获得了首相吉田的支持。1946 年 11 月，为了支持煤炭增产，成立了首相吉田的私人咨询机构——煤炭小委员会，有泽被指定为该委员会的委员长。煤炭小委员会成员有稻叶、大来、后藤誉之助、吉野俊彦（日本银行）等人。

晚年的有泽承认，倾斜生产方式的构想，得益于战争期间在秋丸机关测算抗战力积累的经验。

在战争期间，军部曾下令对日本经济的再生产结构展开调查，所以我计划把对英美战力的评价和对日本的调查综合起来做，当时打算用经济的再生产结构或者说再生产模型测算物资调度的上限。这个想法一直保留着，在重建日本

---

[1]　本部分中有关倾斜生产方式的确立过程的表述，来自以下资料。中村隆英・宮崎正康編『資料・戦後日本の経済政策構想　第二巻　傾斜生産方式と石炭小委員会』東京大学出版会、1990 年。

经济的时候，应该也可以利用再生产模型推进重建工作……不能让一切都重新开始。这就是有关倾斜生产方式的最初想法。①

1946 年 11 月 5 日发表的一篇文章明确提出，现在的日本处于比战争时期更严峻的"战斗"中，这篇文章可能是有泽或大来写的。

现在不会再有炮弹落在我们面前了，但我们正处于比战争时期严峻得多的、更能穿透灵魂的新的战斗中。如果败于此次战斗，日本将永远地沦为世界劣等民族。取得这次战斗的胜利，不仅可以恢复本国的繁荣，还能为更广阔世界的繁荣与文化发展贡献力量。真正考验日本民族的时刻，就是战争结束后的今天啊。②

为了打赢这次"比战争时期严峻得多的、更能穿透灵魂的新的战斗"，煤炭小委员会提交了《煤炭对策中期报告》。报告提出，应向煤矿优先分配机器，提高工人劳动积极性，落实保障其产量达到 3000 万吨的各项政策（科学计算煤矿工人的工资水平，做好工人的养老保障，增加工人住宅，确保主食分配，增加副食分配，对烟酒糖采取特殊分配政策，等等）。报告还提出了争取国民支持的各项政策（奖励以煤矿为主题的电影、舞台剧和小说等，通过收音机广播进行宣传）。这些政策的主要内容在内阁会议上获得通过，从 1947 年初开始，日本正式实施倾斜生产方式。在推行这一方针的过程中，有泽作为吉田茂的智囊受到关注。当时《朝日新闻》的评论委员荒垣秀雄在评价有泽时写道："他接受过

---

① 有沢広巳『有澤廣巳　戦後経済を語る—昭和史への証言』東京大学出版会、1989 年、13 頁。
② 「経済危機の実相と石炭三千万瓲」1946 年、『資料・戦後日本の経済政策構想　第二巻　傾斜生産方式と石炭小委員会』所収、125 頁。

参谋本部的委托，收过军方的钱，还跟那个国策研究会有关系。"[1]其实，很多人知道，有泽等人推行的倾斜生产方式，就是战时经济的延续。

在第四章曾提到的 1991 年 NHK 播放的节目中，大来佐武郎证实，倾斜生产方式对战后复兴是有效的。但是，近年的经济史研究中，出现了否定倾斜生产方式效果的观点。这种观点认为，钢铁与煤炭在现实中相互促进的作用，并没有带来生产的恢复，虽然煤炭产量的确增加了，但那是大量投入劳动力和加强劳动强度的结果，这与战时统制经济时期的煤炭增产政策没有差别。[2]

石桥湛山在第一次吉田内阁中担任大藏大臣，当时他想从复兴金融金库融资，用以促进煤炭的增产。但有泽表示反对，他认为此举会加速通货膨胀。石桥后来说："从复兴金融金库融资……总之是要通过投资促进煤炭增产。那时有泽广巳君提出了倾斜生产方式，最终的结果是一样的。政府把正在推行的活动特意起名叫作倾斜生产方式，就像是要做一件新事情。"[3]倾斜生产方式作为一项政策，其实并不算什么新事物。

本来，有泽等人提出倾斜生产方式，是另有原因的。有泽本人曾说过，在向 GHQ 提出的要求进口的物资清单中，"特别重视钢铁和重油"。[4]有泽等人在日本经济复兴的过程中，最为重视的其实不是煤炭的生产，而是重油的进口。1946 年 12 月，当 GHQ 同意进口重油之际（美国方面的原因使进口延迟），有泽对这件事做出了高度评价："此前夏季时分进口的粮食，解救了饥饿的日本国民。此次进口的重油的重大意义堪与此事相比……我国产业处

① 荒垣秀雄「有沢広巳—吉田氏の頭脳の恋人」同『戦後人物論』八雲書店、1948 年所収、217—218 頁。

② 杉山伸也「「傾斜生産」構想と資料・労働力・資金問題」杉山伸也・牛島利明編著『日本石炭産業の衰退—戦後北海道における企業と地域』慶應義塾大学出版会、2012 年、92—93 頁。

③ 石橋湛山『湛山座談』岩波書店（同時代ライブラリー）、1994 年、90 頁。

④ 有沢広巳『学問と思想と人間と』183 頁。

于饥饿状态,重油的进口意味着给产业提供了必要的粮食。"① 重油的紧急进口,以及在美国的占领区经济复兴援助资金(EROA)支持下的原材料进口,对 1948 年开始的生产复苏产生了巨大影响。②

为了求得重油等重建日本经济的必需品,有泽等加入过秋丸机关的人物通过《重建日本经济的基本问题》提出,要在以改善国内局面的方式恢复"自己在世界上的信用"之后,才能"在世界上提出公正的主张"。他们认识到,GHQ 要求日本尽量自助,所以日本需要有能让 GHQ 认为"日本确实在努力做到自助"的政策。也就是说,倾斜生产方式是"日本人利用日本国内的资源,依靠尽量自助的方式重建经济"的方式,也是为了获准进口急需的重油而提出的办法,它最终获得了 GHQ 的信赖。借用大来洋一的话:"倾斜生产方式的'成功'并不是依靠尽量自助来突破生产的瓶颈,而是展示出尽量自助的姿态,以此获得美国的重油援助,这才是成功之处……与其说倾斜生产方式带来了显著的恢复生产的效果,毋宁说在说服占领军(GHQ)方面,倾斜生产方式作为一份材料,起到了非常有效的作用。"③

秋丸机关的研究结果,作为一份主张避免对英美开战的报告,并没有起到作用(作为一份主张避免开战的报告,原本存在发挥作用的可能性)。但是,武村忠雄基于他在秋丸机关工作的经验,曾为如何结束战争建言献策。同样,有泽广巳也基于相关经验,在战争结束后提出了倾斜生产方式,想方设法获得了 GHQ 的认可。他以"就像是要做一件新事情"的方式,给予了国民勇气,激发了劳动积极性,这对于战后复兴起到了作用。有泽后来还参与了大量产业政策以及煤炭、核能等能源政策的研究工作。

1988 年 3 月 7 日,92 岁的有泽去世。

---

① 有沢広巳「経済危機と重油輸入」1946 年、『資料・戦後日本の経済政策構想 第二巻 傾斜生産方式と石炭小委員会』所収、150 頁。
② 大来洋一『戦後日本経済論—成長経済から成熟経済への転換』東洋経済新報社、2010 年、16—23 頁。
③ 大来洋一『戦後日本経済論—成長経済から成熟経済への転換』32 頁。

后 记

2008 年春，我不记得是因为什么契机，读到了胁村义太郎的著作《展望二十一世纪——续 回忆 90 年的历程》（岩波书店，1993 年出版）。胁村在书中提到"秋丸机关"，还提到这个机构对外叫作"陆军省主计课别班"。

我对于战争时期的日本经济学者的思想与行为很感兴趣，读研究生期间曾做过此类研究。当然，我在很早以前就知道秋丸机关，还知道有泽广巳和中山伊知郎等人加入过这个机构。但是人们都说相关资料已经被烧毁了，所以我没有起过要研究它的念头，也没有特别关注过它。虽然我应该接触过秋丸机关的一部分资料，如《英美合作经济抗战力调查（其一）》等，但是令我汗颜的是，当时并没有往心里去。这些事情让我认识到，即使有好的信息资料摆在那里，人们也未必会好好利用。而且，我一直记得胁村的著作是在京都府立图书馆读到的，最近却得知该馆并没有收藏这本书，让我不禁愕然（京都大学研究生院经济学研究科·经济学部图书室藏有此书，估计我是从那里借阅的）。也许是因为我健忘吧，就此我也意识到，人的记忆是靠不住的。

读胁村的著作时，我忽然冒出一个念头："如果对外的叫法是陆军省某某课别班，那么以这个署名推出的资料会不会留存下来？"不久，我在离住处不远的位于冈崎的京都府立图书馆中，无意中利用馆内的联机公共目录查询系统检索到了与"陆军省主计课别班"相关的内容。那是秋丸机关在 1940 年翻译出版的马克斯·温纳尔（Max Werner）的著作《列强军力现势》。在京都府立图书馆中，藏有蜷川虎三的相关资料，蜷川曾任京都帝国大

185

学经济学部教授，在战争结束后长期担任京都府知事，这本译著就是资料中的一部分。蜷川是统计学家，目前不知他与秋丸机关的关系有多深。这暂且不究，在这里发现了秋丸机关的资料，据此就可推测该机构应该还有很多成员。后来通过京都大学的联机公共目录查询系统，我发现了大量署名为陆军省主计课别班的资料。我在 2010 年出版的《战争时期的经济学家》的第一章，曾以这些资料为基础提到秋丸机关。

后来我因转向其他研究（主要是对社会学家、经济学家高田保马的思想的研究），对于秋丸机关的关注渐少。但在 2013 年，我利用谷歌图书检索系统发现了刊登着秋丸次朗讲话的报告文本——《东亚经济恳谈会第一次大会报告书》，又通过日本的大学图书馆书目检索系统在静冈大学附属图书馆找到了《德国经济抗战力调查》，于是决定重启对秋丸机关的研究。如本书的前言与第四章所述，以上这些材料都是比较容易找到的。

但是，我也因此而烦恼起来。秋丸机关的报告文本、资料等，虽然清楚地指出了英美等国强大的抗战力，但是整体上却与当时的舆论、政府机关和智库的研究内容没有什么显著不同。因此，应该可以说，秋丸机关的报告文本不过是大量信息的其中之一而已，并不属于会因"违反国策"而被烧毁的那类，为什么对秋丸机关的那种评价会成为定论呢？而且，若秋丸机关的报告文本中所写的内容是当时的"常识"，那说明人们肯定都清楚对英美开战的难度。既然已经正确地提出了"战败的概率很大"的观点，为什么日本还要选择对英美开战这个选项呢？要解开"秋丸机关之谜"，就必须解开关键的"日美开战之谜"。

此外，日美开战这个主题吸引了很多人的目光，同时也是最易反映人们观点与立场的主题。在我推进对秋丸机关的研究的过程中，大概是因为我的观点与"定论"相反吧，有些此前曾向我提供信息的人再也不肯搭理我了，我感受到对方情感上对我的抗拒，我还曾被他人以意想不到的方式利用，因此有很多不愉快的记忆。对于这些经历，现在的我以积极的态度认为，这是让我决心将秋丸机关好好研究下去的理由，是让我绝不能浅尝辄止的理由。

在这种背景下，我开始着手解开"秋丸机关之谜"，没想到这项工作极其耗时。要寻找能解释"明明正确的信息广为人知，为何却开战了呢"之谜的理论本就是件难事，自己又因公事私事忙忙碌碌，但是这个问题比什么都重要。我作为经济思想史的研究人员，意识到研究这一问题任务艰巨，日美开战这个问题本身就是关系到一国命运和人的生命的重大问题。第六章提出，开战使大量的人失去了生命，那么为了避免开战，当时的经济学家能做些什么呢？如果我处于同一情境，又能做些什么呢？越思考就越真切地体会到，经济学是关乎人的生死存亡的学问。

我一边犹豫着是否要直面这一重大主题，一边抱着"既然发现了报告文本，解谜不正是研究人员的责任吗"的想法，以这种心态逐步推进研究，最终完成了本书。在研究太平洋战争开战过程的学者圈子里，学者们一般认为"正因为前景难测，所以日本才决定对英美开战"，但如果对照当时日本开展经济调查并评估国家实力的所作所为，就能用现代经济学的逻辑进行理论性总结，本书的特点就在于此。

学习历史的意义在于从中获取有益于当下的教训。我希望本书既能帮助读者了解历史，又能帮助读者在现代社会中思考如何充分利用证据、洞察力"做出更好的选择"。

其实，近些年在做与秋丸机关无关的研究工作时，我也获得了许多有助于完成本书的知识。首先，重启秋丸机关研究后，从2013 年开始，我接受筒井清忠先生的邀请，参加了日本近现代史研究会，另外还撰写了《昭和史讲义》（筑摩书房，2015 年出版）中的《近卫新体制与改革派官僚》一文，这些对本书的写作也起到了很大的促进作用。其次，我还得以学习森山优关于太平洋战争开战过程的研究成果，了解在政治史和外交史方面的最新研究进展，这些对于了解日本走向太平洋战争时的国内外形势很有益处。尤其是在深入了解有关新体制运动和改革派官僚的知识、厘清各种关联后，我对于秋丸机关的定位的认识就很清晰了。筒井先生在本书的校对阶段提供了建议，并对本书进行了大力推荐，在此郑重致谢。

2013 年，名古屋大学研究生院经济学研究科的准教授小堀聪（日本经济史专业），就该研究科附属国际经济政策研究中心的信息资料室收藏的《荒木光太郎文书》，专门为我做了详细介绍，至今我与小堀仍在做关于该书的研究工作，这对于秋丸机关的研究也非常有益。该书中除了有在本书中提到的国家财力研究所、世界经济调查会、GHQ·G2 历史课的资料之外，还有石桥湛山在太平洋战争末期提议成立的、研究战后构想的机构——大藏省战时经济特别调查室保存的资料，其中包含大量有关日本近现代史的珍贵资料（详见《荒木光太郎文书》检索结果）。研究这些资料，有助于了解战争时期日本经济学的水平，以及其他组织机构开展经济调查活动的实际情况，加深对陆海军军人的认识，以此为基础，才有可能对秋丸机关进行客观的评价。感谢小堀给予我研究《荒木光太郎文书》的机会。

随着秋丸机关外围研究的逐步推进，秋丸机关的"轮廓"日渐清晰，对于秋丸机关本身的研究终于可以开展了。从秋丸次朗的儿子秋丸信夫那里，我获得了关于秋丸次朗个人的珍贵信息。在宫崎县的虾野市开展调查时，我也得到了当地的帮助。曾在防卫大学当过教授的荒川宪一先生给我提供了许多有关秋丸机关、秋丸次朗的珍贵资料，在理解秋丸机关的地位以及报告文本的内容方面，我深受先生的启发。在东京大学的小岛浩之的帮助下，我得以阅读经济学部资料室藏书《英美合作经济抗战力调查（其二）》，并且在关于该资料室所藏的"有泽资料"的调查工作方面，他也提供了很大的帮助。中日新闻社的记者今村节，就秋丸机关的地位以及报告书的内容，敏锐地提出了质疑，促使我再次认真思考这一问题。研

后　记

究战争时期的"日本地缘政治学"的学者、摄南大学外国语学部的讲师柴田阳一，为我提供了有关加入秋丸机关的地理学家的重要信息。需要在此致谢的还有，为我提供了相关信息的原朗先生、石井和夫，日本经济思想史学会、经济学史学会指点过我的各位先生，摄南大学图书馆的工作人员。正是在他们的帮助下本书才得以推出。感谢猪木武德先生和细谷雄一先生推荐本书。

本书获得了以下科研项目的资助。第一项是基础研究（C）"关于日本的能源政策思想的国际历史共同研究"（课题编号：24530408，研究代表：池尾爱子），第二项是基础研究（C）"战时·占领期日本经济学家的社会活动——源自对《荒木光太郎文书》的分析"（课题编号：15K03389，研究代表：牧野邦昭），第三项是基础研究（B）"战争与和平的经济思想——经济学的影响力能减少国际纠纷吗"（课题编号：16H03603，研究代表：小峰敦）。

2010 年末，新潮选书编辑部的三边直太邀请我写一本书。后来我由于一直没有定下主题，以及忙于《柴田敬：以超越资本主义为目标》（日本经济评论社，2015 年出版）的写作与出版，给对方添了许多麻烦。但三边一直耐心地等我确定主题，并给予我恰当的建议，在此衷心致谢。

最后想说的是，如果没有胁村义太郎在晚年开展的对秋丸机关的研究，我也不会对秋丸机关产生兴趣并研究下去。我写作本书是因为十年前阅读了胁村的著作，这也许在某种意义上算得上是延续了胁村在生命的最后阶段开展的研究工作吧（我这么写，泉下的胁村会不会苦笑）。关于有泽广巳先生，我一直在研究他在战争结束后的言论，希望挖掘出他未直接说出的、隐于背后的想法，对他的经济思想和他给社会带来的影响进行综合评价。我想把本书献给胁村以及有泽等加入过秋丸机关的人。

2018 年 4 月

牧野邦昭

189

译后记

2020 年 5 月，中国社会科学院世界经济与政治研究所所长张宇燕研究员给了我本书的日文版，让我阅读后介绍一下其主要观点。张所长说书是在与一位日本友人就珍珠港事件交流观点时，由对方推荐并从日本寄来的。看到封面上的"秋丸机关"几个字时，我才第一次得知这个机构的名称。我一边听张所长说本书的由来，一边随手翻阅。看到有泽广巳的名字后，我想起1995 年第一次去中国社会科学院日本研究所时，"有泽广巳文库"的招牌醒目地挂在图书馆门口，那是我第一次得知这位经济学家的名字的情境。随后，我边阅读边断断续续地做内容摘要，随着摘要越来越多，我萌生了将全书翻译成中文的想法。经张所长和日本友人热心联系，我获得了本书作者——日本庆应义塾大学教授牧野邦昭和日本新潮社的大力支持，终于完成了翻译工作。在中国社会科学院科研局和社会科学文献出版社的鼓励和帮助下，本书得以顺利出版。

珍珠港事件标志着太平洋战争的爆发，深刻影响了日美关系及世界历史的走向。本书中主要人物与这一重要历史事件的各种关联，让我从另外一个视角观察这段历史的进程，黑白色的历史与彩色的现实如胶片般反复交替地出现在我的眼前。书中描写过这样一个情境：第二次世界大战结束后，细川护贞回忆起武村忠雄的分析预测内容，他认为武村准确地把握了世界发展动向，这使他惊讶地认识到，学术研究真的能那么准确地预测未来的事情。

译后记

在翻译过程中，最令我感动的是作者牧野教授，我向他请教了几百个问题，没有他的细致解答，我完全无法完成翻译工作。特别感谢张宇燕研究员、高洪研究员、高士华教授、段瑞聪教授的指点与解惑。感谢社会科学文献出版社张晓莉、俞孟令、帅如蓝认真审读我的译稿，感谢所有为本书的翻译出版无私贡献力量的人。限于水平，书中定有疏漏之处，请读者不吝赐教。

周颖昕

2022 年 2 月于北京

图书在版编目（CIP）数据

经济学家眼中的日美开战：破解秋丸机关"传说中的报告"之谜 / （日）牧野邦昭著；周颖昕译 . -- 北京：社会科学文献出版社，2023.10

ISBN 978-7-5228-1512-1

Ⅰ . ①经… Ⅱ . ①牧… ②周… Ⅲ . ①日美关系 – 研究 Ⅳ . ① D831.32 ② D871.22

中国国家版本馆 CIP 数据核字（2023）第 057806 号

经济学家眼中的日美开战
——破解秋丸机关"传说中的报告"之谜

著　　者 / ［日］牧野邦昭
译　　者 / 周颖昕

出 版 人 / 冀祥德
组稿编辑 / 张晓莉
责任编辑 / 帅如蓝　俞孟令
责任印制 / 王京美

出　　版 / 社会科学文献出版社·国别区域分社（010）59367078
　　　　　地址：北京市北三环中路甲 29 号院华龙大厦　邮编：100029
　　　　　网址：www.ssap.com.cn
发　　行 / 社会科学文献出版社（010）59367028
印　　装 / 三河市尚艺印装有限公司

规　　格 / 开　本：787mm×1092mm　1/16
　　　　　印　张：12.5　字　数：168 千字
版　　次 / 2023 年 10 月第 1 版　2023 年 10 月第 1 次印刷
书　　号 / ISBN 978-7-5228-1512-1
著作权合同
登 记 号 / 图字 01-2021-6931 号
定　　价 / 79.00 元

读者服务电话：4008918866